中国体育旅游发展路径研究

李 蕊◎著

吉林出版集团股份有限公司
全国百佳图书出版单位

图书在版编目（CIP）数据

中国体育旅游发展路径研究 / 李蕊著 . -- 长春：吉林出版集团股份有限公司 , 2024. 8. -- ISBN 978-7-5731-5698-3

Ⅰ . F592.3

中国国家版本馆 CIP 数据核字第 2024EP4958 号

中国体育旅游发展路径研究
ZHONGGUO TIYU LÜYOU FAZHAN LUJING YANJIU

著　　者	李　蕊
责任编辑	黄　群　杜　琳
封面设计	李　伟
开　　本	710mm×1000mm　　1/16
字　　数	200 千
印　　张	10.5
版　　次	2025 年 1 月第 1 版
印　　次	2025 年 1 月第 1 次印刷
印　　刷	天津和萱印刷有限公司

出　　版	吉林出版集团股份有限公司
发　　行	吉林出版集团股份有限公司
地　　址	吉林省长春市福祉大路 5788 号
邮　　编	130000
电　　话	0431-81629968
邮　　箱	11915286@qq.com
书　　号	ISBN 978-7-5731-5698-3
定　　价	63.00 元

版权所有　翻印必究

前　言

体育与旅游关系密切，二者之间共荣共兴。体育、旅游都与民众的生活息息相关。随着生活水平的提高，特别是民众对身体健康的重视，体育已经成为我国民众生活的重要组成部分。更为重要的是，民众体育活动的方式也不再局限于广播体操、乒乓球、篮球、羽毛球等日常性体育活动，而是利用周末、大小长假、带薪休假等时间参加各类户外运动。同样，旅游也从过去的"奢侈品"变成了如今生活的"必需品"。随着社会经济的发展，我国已经总体告别了物质资料短缺的情况。在这样的背景下，更多的人将不再关注占有多少物质，而是关注在有限的生命中有多少体验。体育和旅游都是丰富生命体验的重要途径。

发展体育旅游产业，首先需要从不同的视角来理解体育旅游。总体来看，休闲是时间的视角，即工作之余闲暇时间的安排；旅游是空间的视角，即离开日常生活环境，前往异地，陶冶身心的一种行为；体育是活动方式的视角，即包含身体锻炼、游戏、竞争要素的身体运动。因此，从休闲的角度看，体育旅游是居民将一部分闲暇时间用于前往异地从事身体运动；从旅游的角度看，体育旅游主要是以身体运动为主要目的的一种旅游产品；从体育的角度看，体育旅游大体与时下热门的户外运动所包含的内容一致。可以说，不论从哪个视角看，体育旅游都是值得大力发展的产业。

本书一共分为五章：第一章为体育旅游基础理论，主要介绍了体育旅游的概念、类型及特点，体育旅游的产生与发展，体育旅游的影响力分析，体育旅游与社会休闲之间的互动关系；第二章为体育旅游资源的开发与管理，主要介绍了体育旅游资源概述、体育旅游资源的开发与整合、体育旅游资源的管理与可持续发展；第三章为我国体育旅游产业的集群化发展，主要介绍了体育旅游产业集群的理论与构建、体育旅游产业集群的发展现状、体育旅游产业集群的未来发展趋势；第四章为我国体育旅游产业竞争力提升策略研究，主要介绍了政府管理、行业管理、企业管理、协同治理；第五章为我国地区体育旅游发展路径研究，主要介绍了环渤海地区体育旅游的发展研究、长三角地区体育旅游的发展研究、粤港澳大湾区体育旅游的发展研究、海南自贸港海洋体育旅游的发展研究、成渝双城经济圈体育赛事旅游的发展研究、东北地区体育冰雪旅游的发展研究、中部地区体育康养休闲旅游的发展研究、西部民族地区体育特色旅游的发展研究。

  在撰写本书的过程中，作者参考了大量的学术文献，得到了许多专家学者的帮助，在此表示真诚感谢。由于作者水平有限，书中难免有疏漏之处，希望广大同行指正。

李 蕊

2024 年 2 月

目 录

第一章 体育旅游基础理论 ... 1
第一节 体育旅游的概念、类型及特点 ... 1
第二节 体育旅游的产生与发展 ... 7
第三节 体育旅游的影响力分析 ... 9
第四节 体育旅游与社会休闲之间的互动关系 ... 17

第二章 体育旅游资源的开发与管理 ... 21
第一节 体育旅游资源概述 ... 21
第二节 体育旅游资源的开发与整合 ... 25
第三节 体育旅游资源的管理与可持续发展 ... 34

第三章 我国体育旅游产业的集群化发展 ... 53
第一节 体育旅游产业集群的理论与构建 ... 53
第二节 体育旅游产业集群的发展现状 ... 62
第三节 体育旅游产业集群的未来发展趋势 ... 67

第四章 我国体育旅游产业竞争力提升策略研究 ... 71
第一节 政府管理 ... 71
第二节 行业管理 ... 79
第三节 企业管理 ... 89
第四节 协同治理 ... 95

第五章 我国地区体育旅游发展路径研究·······103
第一节 环渤海地区体育旅游发展研究·······103
第二节 长三角地区体育旅游发展研究·······108
第三节 粤港澳大湾区体育旅游发展研究·······116
第四节 海南自贸港海洋体育旅游发展研究·······123
第五节 成渝双城经济圈体育赛事旅游发展研究·······134
第六节 东北地区体育冰雪旅游发展研究·······141
第七节 中部地区体育康养休闲旅游发展研究·······146
第八节 西部民族地区体育特色旅游发展研究·······157

参考文献·······161

第一章 体育旅游基础理论

体育旅游是体育与旅游相结合的产物，其已经成为当今体育界和旅游界研究的新课题，也成为一类非常流行的旅游活动。研究体育旅游，参与体育旅游活动，首先要对体育旅游的基本知识有一定程度的了解。本章就体育旅游的基础理论进行研究，主要内容包括体育旅游的概念、类型及特点，体育旅游的产生与发展，体育旅游的影响力分析以及体育旅游与社会休闲之间的互动关系。

第一节 体育旅游的概念、类型及特点

一、体育旅游的概念

有关体育旅游概念的界定，相关学者至今没有一个统一的认定标准，这主要是因为不同的学者从不同的角度出发对体育旅游进行研究，研究的切入点不同，得出的结论自然就会有差异。一般而言，体育界的学者对体育旅游的概念进行界定时，主要从两个层面进行，即广义和狭义。旅游界的学者对体育旅游的定义进行研究时，主要切入点是体育旅游者参与体育旅游活动的动机和体育旅游的本质属性——旅游。

广义上，旅游者在旅游中所从事的各种与体育相关的活动（如体育娱乐活动、身体锻炼活动、体育竞赛活动、体育康复及体育文化交流活动等）与旅游地、体育旅游企业及社会之间关系的总和就是体育旅游。狭义上，为了满足和适应旅游者的各种体育需求，借助各式各样的体育活动，并充分发挥其多方面的功能，使旅游者的身心得到全面协调发展，从而达到促进社会物质文明和精神文明建设、丰富社会文化生活的目的的旅游活动就是所谓的体育旅游。[1]

---

[1] 闫立亮，李琳琳.环渤海体育旅游带的构建与大型体育赛事互动的研究[M].济南：山东人民出版社，2010.

二、体育旅游的类型

从不同学科角度出发,可以将体育旅游归入不同的范畴中。比如,从体育学角度来看,体育旅游中的大多数活动项目都属于体育竞技的范畴;从旅游学角度来看,体育旅游属于自助旅游的范畴,具有极强的参与性;从休闲学角度来看,体育旅游属于休闲体育的范畴。体育旅游的分类具体如图1-1-1所示。

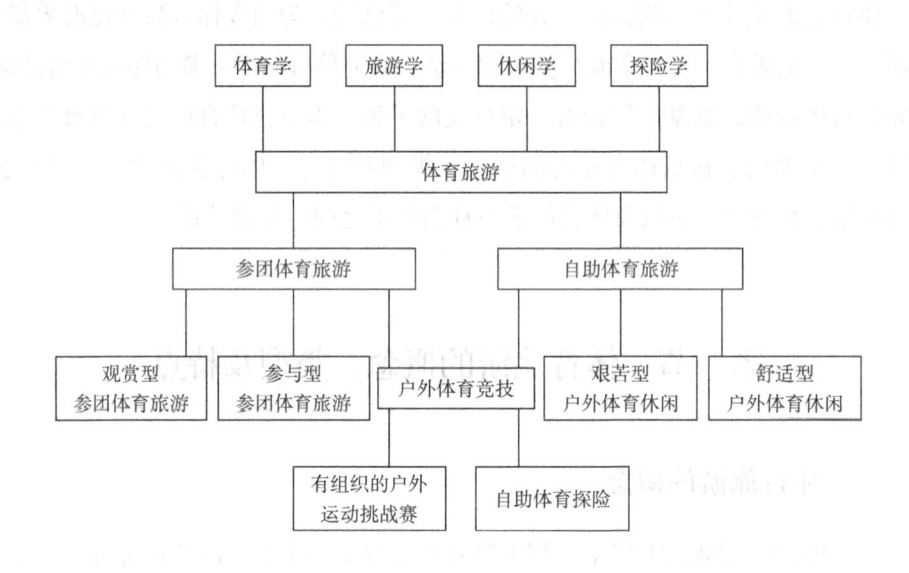

图1-1-1 体育旅游分类

有关体育旅游类型的划分,比较一致的观点是,体育旅游可以分为两大类别,即自助体育旅游和参团体育旅游,这主要是以体育旅游的概念、属性、实践、特征等要素为依据进行划分的结果,下面对这两大类型的体育旅游进行分析。

(一)自助体育旅游

作为体育旅游的一大基本类型,自助体育旅游在当今社会具有广泛的流行性。人们在参与该种类型的体育旅游时,大都是独立进行的,很少会与体育旅游业发生直接的关系。自助体育旅游又分为以下两种类型:

1. 户外体育休闲

户外体育休闲顾名思义是在户外进行的体育活动,这种旅游活动具有突出的自由性。以参与体育活动的不同目的为依据,又可以将这一类型的自助体育旅游分为三种具体的类型，即以保健为目的的体育旅游、以健身娱乐为目的的体育旅游以及以度假为目的的体育旅游。对这三种具体类型的体育旅游活动的分析如下：

（1）保健旅游

保健旅游就是旅游者为了达到保健的功效，即治疗疾病、恢复体力、强健身体而参与的旅游活动，这种类型的体育旅游目的性很强。一般而言，保健旅游又可以分为两种类型，一种是自然保健旅游，另一种是疗养旅游。前者是在自然条件下进行的保健旅游活动，比较典型的活动项目有滑雪、登山、冰上活动、划船、游泳、打高尔夫球等。后者是融合医疗技术（按摩、药疗、电疗、针灸）和自然条件（矿泉、森林、气候等）的保健旅游活动，这里的自然条件是具有疗养价值的条件，常见的疗养旅游有高山气候疗养、海滨度假等。

（2）健身娱乐型体育旅游

健身娱乐型体育旅游指的是人们在体育娱乐的过程中达到健身目的的旅游活动。与传统意义上的健身活动相比，健身娱乐型体育旅游提倡娱乐性健身理念。

（3）度假型体育旅游

度假型体育旅游具有鲜明的体育意义，人们参与这种类型的体育旅游活动主要是为了消除疲劳、缓解压力。假期出行是度假型体育旅游最突出的特点，如人们在节假日（五一、国庆、春节等）期间外出进行体育旅游。

2. 自助户外竞技探险

自助户外竞技探险与前一种自助体育旅游类型具有紧密的关系，挑战自我、张扬个性、挑战大自然等是这类自助体育旅游活动的主要特征。从这些特征可以看出，参与这类体育旅游活动的人一般都非常有个性，喜欢无拘无束，勇于挑战自我。自助户外竞技探险活动有一定的危险性，对于旅游者来说，大自然是最大的对手，其只有征服大自然，克服困难，充分展现自己的能力，才能实现预期的旅游目的。登山、地下洞穴探险以及高空跳伞等都是这类体育旅游的典型活动项目。

（二）参团体育旅游

参团体育旅游的三大类型是观赏型体育旅游、参与型体育旅游以及竞赛型体育旅游，它们各具特色。

1. 观赏型体育旅游

（1）概述

旅游者在参团体育旅游过程中，通过视觉、听觉、感觉器官来对体育建筑场地、体育活动、体育艺术景点以及体育特色文化等进行欣赏和体验，并从中获取愉悦感的体育旅游就是观赏型体育旅游。通常而言，人们在参与观赏型参团体育旅游时，都会提前一次性缴纳所有的费用，然后由体育旅游组织来统一安排游客的吃、住、行、游、参观场次和门票，一个团内的旅游者有相对固定且统一的旅游行程和旅游内容。

（2）特点

方便省心、行程安排紧张有序、个人自由度和体能消耗较小是这类体育旅游活动的主要特征。

2. 参与型体育旅游

（1）概述

参与型体育旅游的游客一般要在旅游前向体育旅游组织缴纳所有的费用，然后由旅游组织对其行程和吃、住等作统一的安排，这是参与型参团体育旅游与观赏型参团体育旅游的共同点。二者的不同之处主要表现在旅游内容上，观赏型参团体育旅游的游客可以不用亲身参与体育运动项目，只要用自己的感官欣赏就可以了，而参与型体育旅游的游客在进行欣赏与体验的过程中，必须亲身参与其中，完成并消耗一定体力且具有一定难度的体育活动。需要注意的是，参与型体育旅游的游客在完成体育活动的过程中，必须由体育旅游工作人员提供帮助和指导。

（2）特点

体验、感受和娱乐是游客参与这类体育旅游的主要目的，方便但可能不舒适，行程安排有序但紧张、个人自由度较小但体能消耗较大等是参与型体育旅游的主要特征。

3. 竞赛型体育旅游

（1）概述

以参加某种体育竞赛为目的而进行的体育旅游活动就是竞赛型体育旅游。人们一般都是以集体为单位参加这种旅游活动的，而且参团后必须严格遵守相应的纪律。并非任何年龄的人都能够参加这类体育旅游活动，竞赛型体育旅游对参与者的性别，年龄等都有要求，而且参团的总人数必须在规定的范围内。在竞赛过程中，所有的参与者都必须遵守公平公正的原则，裁判在赛场上必须严格按竞赛规程来履行自己的职责。

（2）特点

强调团队和纪律、个人自由度低、行程安排有序而紧张、挑战性突出和体能消耗大是竞赛型体育旅游的主要特点。

三、体育旅游的特点

作为一种新型的旅游形式，体育旅游与其他旅游具有共同的特征，即都具备旅游的特征，但体育旅游又是一类特殊的旅游形式，所以具有自己的独特性，这主要从以下五个方面体现出来：

（一）地域性

体育旅游活动的开展要依托丰富的体育旅游资源。体育旅游资源的分布具有明显的地域性，即体育旅游资源分布在不同的地区，且不同地区的体育旅游资源又各具特色。具有地域性特征的体育旅游最为典型的就是观战体育旅游，此外，一些体育旅游项目也具有突出的地域性特征，如海上运动（沿海地区）、冰雪运动（北方）、沙漠探险（沙漠地区）、登山运动（山区）等。喜欢参与体育旅游活动的人一般对体育旅游项目都有较高的要求，而且喜欢探索，因此他们很愿意跨地区参加体育旅游活动。

（二）消费性

游客在参与体育旅游活动的过程中，一般需要花费较多的费用，也就是成本费用比较高。体育旅游活动的成本费用高，主要是由以下四个原因造成的：

第一，游客在参与体育旅游活动前，需要对相关知识有一个基本的了解与把握，需要对相关技术进行学习。因此，游客要参加一些专业培训班，这就需要缴纳一定的费用。

第二，一些体育旅游项目对服装、工具和设备等有特殊的要求，因此旅游者需要花钱购置这些用品。

第三，旅游者一般要在专业导游或专职教练的引导下才能顺利参与体育旅游活动，因此需要花钱雇用相关工作人员。如果是参加竞赛型体育旅游活动，有时还需要花费一定的资金聘请有相关经验的顾问和医务人员等。

第四，体育旅游具有一定的风险性，旅游者需要提前将相关的防护装备准备好才能保障自己的安全，有时旅游者还需要先购买一份意外保险等。

（三）体验性

现代社会已经步入了休闲时代，世界经济形态正逐渐向体验经济过渡。随着现代旅游业的不断发展，旅游消费者对"体验"有了越来越高的需求。人们参加休闲体育旅游活动，如果只是走马观花是难以实现旅游目的的，且旅游的意义也不大，旅游者只有亲身参与到各种活动中，才能体验到快乐，也才能实现预期的旅游目的。体验式体育旅游与当前旅游市场的发展需求是相符的，体验式体育旅游活动的开展离不开一定的体育资源及旅游资源，依托这些资源，活动组织者将健身、娱乐、休闲、交际等各种服务提供给旅游者，使旅游者在旅行活动中获得更多的快感和不一样的体验，从而对体育旅游的魅力有更深的感悟。

（四）高回客率

在传统旅游中，人们主要是参观一些旅游景点，而且参观完一次后，一段时间内不会再重复到这个地区参观同一个景点，甚至在旅游者的一生中，同一景点只参观一次。而体育旅游并非如此，参与体育旅游活动的人爱好某个或某些体育旅游项目，因此会重复参与其中，乐此不疲，可见体育旅游具有高回客率的特征。例如，喜欢滑雪、高尔夫球、登山等体育项目的人一般都会重复参加这些项目，甚至每周都会参与一到两次。

（五）技能要求较高

传统旅游一般不要求旅游者掌握一定的技术技能，旅行社的组团旅游更是如此。但体育旅游普遍对参与者的身体素质和技术技能提出了一定的要求。例如，冲浪、攀岩、高山探险和滑冰等体育旅游项目要求参与者要具有良好的体能素质，掌握相应的技术技能。体育旅游不仅要求旅游者具备一定的技术技能和身体素质，还要求经营者具备一定的专业知识、购置相关的专业设备、聘用相关的专业人员等，只有各方面都达到一定的专业要求，体育旅游活动才能顺利而有效地开展。

第二节 体育旅游的产生与发展

体育旅游是以体育资源与旅游资源为基础，以体育为主要活动内容而开展的一类旅游活动。体育事业和旅游事业的发展会影响体育旅游的发展，同时体育旅游的发展也会对体育事业和旅游事业的发展产生影响。体育旅游的发展不仅会影响到体育与旅游两个领域的发展，还会对经济发展、自然环境、人文传播等产生一定的影响。同时，个体较高层次的文化、娱乐、健身等需求也会在体育旅游中得到满足。一定程度上来说，体育旅游的发展在开发体育市场和旅游市场、促进国民经济增长和社会进步等方面都具有非常重要的意义。下面重点就国外体育旅游的发展及国内体育旅游的发展进行简要分析。

一、国外体育旅游的产生与发展

国外体育旅游的产生发展与近代旅游业有着密切的关系，它们几乎是同时产生的。1857年，英国为了将各种旅游服务提供给登山旅游爱好者，建立了登山俱乐部。1883年，挪威、瑞士等国为了将滑雪方面的各种旅游服务提供给滑雪爱好者，建立了滑雪俱乐部。1885年，为了将野外的食宿设施及相关服务提供给喜爱野外活动的旅游者，英国又建立了野营（帐篷）俱乐部。随后，法国、德国等国也相继建立了休闲观光俱乐部，从而向旅游者提供相关的服务。

19世纪后半期，欧美一些国家的经济飞快地发展，人们的生活条件也得到了很大程度的改善，并有了越来越多的闲暇时间，这些都促进了新观念和新文化的发展。在当时，部分高收入者在休闲、娱乐、健身、度假等方面的需求越来越高，并且开始参与这些方面的活动。为了满足人们这些较高层次的需求，有关部门与组织建设了闲暇疗养胜地、度假中心、娱乐场所等。这些场所基本上集食、宿、游、娱于一体，具有突出的休闲性。在这些场所中，骨牌、台球、投镖、保龄球、桥牌等都是非常重要的室内娱乐项目。除室内项目，一些娱乐场所还依托自然环境，对登山、滑雪、漂流、高尔夫球等户外体育项目进行了开发，户外休闲项目因此兴盛起来，这些都为体育旅游的发展提供了重要的资源条件。

20世纪初，休闲娱乐业在欧美一些国家逐渐兴起，这一新兴行业以体育健身和闲暇娱乐为主要内容。随着健身与娱乐项目的不断发展，休闲娱乐业的规模也进一步扩大，且收入也不断增加。例如，1929年，在美国的服务业国民收入中，8%来自休闲娱乐业，在全国国民总收入中，休闲娱乐业收入则占到0.93%。英国的高尔夫球运动在20世纪90年代得到了快速的发展，到1995年，英国已经修建了2000多个高尔夫球场，且每一个球场都拥有大量的会员。世界上最著名的滑雪旅游胜地位于法国，据统计，在1994年冬季，共有540万人在法国滑雪旅游胜地参与了滑雪运动，其中来自国内的滑雪者有360万人，其余都来自国外。到21世纪初，世界各国的滑雪场加起来在6000个左右，且全世界约有4亿人喜爱滑雪运动。2001年，世界滑雪收入高达500亿美元。在欧美国家，每年参与滑雪运动的人很多，一些国家如瑞士雪资源丰富，因此重点开发滑雪旅游项目，并取得了良好的发展成果。由此可以看出，体育旅游的产生与发展与休闲娱乐的发展有非常密切的关系，后者的发展直接推动了前者的发展。

20世纪中后期，欧美一些国家的体育旅游迅猛发展，这主要得益于这一时期欧美国家旅游业的快速发展和各类体育运动项目的广泛普及。在这一时期，体育旅游项目得到了很大程度的开发，出现在人们视野与生活中的体育旅游项目变得越来越多，且参与这些项目的人也在不断增加。在新开发的体育旅游项目中，徒步登山、高山滑雪、帆船、海边沐浴、冲浪、漂流、攀崖、探险等项目的人气很高，对旅游爱好者产生了强大的吸引力。以瑞士为例，瑞士的小镇达沃斯坐落在阿尔卑斯山脉，拥有良好的自然条件，有关部门依托丰富的自然资源，对四季均可参加的、独具特色的体育项目进行了充分的开发，从而使瑞士的小镇达沃斯成为闻名于全世界的体育旅游胜地。

20世纪后期，日本和韩国为了更好地将体育健身娱乐服务提供给旅游者，在许多旅游点对相应的体育娱乐项目进行了开发，并对配套设施进行了设置。由此可以看出，世界体育旅游在这一时期取得了良好的发展成果。

参与型体育旅游的发展带动了观赏型体育旅游的发展，而且随着人们对国际大型体育比赛（奥运会、世界杯足球赛等）关注度的不断提升，观赏型体育旅游产业的发展也受到了越来越高的重视。许多国家都参与争夺国际大型体育赛事的举办权，希望借此机会来发展本国的体育旅游事业，优化本国的产业结构，增加本国的经济收入。事实证明，大型体育赛事举办国和举办城市的体育旅游事业都得到了不同程度的发展。

二、我国体育旅游的产生与发展

我国幅员辽阔，自然资源丰富，这就为体育旅游的发展提供了良好的空间条件与资源条件。此外，我国历史文化悠久，民族传统深厚，因此体育旅游的民族特色非常显著。可以说，我国体育旅游的产生与发展是这些有利因素共同推动的结果。我国很多城市与地区的体育旅游资源都很丰富，不同地区的旅游资源具有不同的特色，如东北地区冰雪资源丰富，拥有天然滑雪场，吸引了大量的滑雪爱好者前去旅游，东部沿海地区水资源丰富，在开发游泳、潜水、日光浴等旅游项目方面具有得天独厚的优势，如大连、青岛、秦皇岛、厦门、三亚等城市，我国江河、湖泊等大都分布在内陆地区，是发展漂流、划船等体育娱乐项目的最佳场所。此外，我国山川资源也很丰富，在开展攀岩、登山等旅游项目方面具有良好的条件。总之，丰富的体育旅游资源为我国发展体育旅游业提供了良好的环境与条件。

随着我国旅游业的发展速度不断提升，各大城市都兴建了大量的星级宾馆、饭店，一些健身娱乐场所也积极引进海外健身配套设施，再加上交通越来越发达和通讯基础设施建设越来越完善，体育旅游的发展水平有了一定程度的提高。

随着人们生活条件的逐步改善，其对体育活动也有了越来越高的期待和越来越多元的需求，而传统的、简单的体育健身活动已难以使个体的需求得到满足，在这一背景下，体育旅游得到了进一步的发展。为了进一步满足人民大众的体育需求和旅游需求，我国积极开发新型体育项目，并大力引进国外旅游项目，在各方的共同努力下，漂流、攀岩、沙漠探险、武术健身、高尔夫旅游、海滨健身游等体育旅游项目在我国都得到了不同程度的发展。

第三节 体育旅游的影响力分析

一、体育旅游对经济的影响

旅游业的发展对推动国民经济的发展具有积极的影响，体育旅游作为旅游业的重要组成部分，同样能够促进国民经济的发展。具体来说，体育旅游在经济方面的积极影响表现在以下几方面：

（一）促进外汇收入增加和国际收支平衡

当前，世界商品经济高度发达，各国之间一般通过商品交换来建立经济关系，而且商品交换是以货币为媒介的。因此一个国家要想进一步加强与其他国家的经济联系，就要确保自身在世界经济市场上具有良好的购买力，且必须对一定数量的外汇加以掌握。一般对一个国家的经济实力和国际支付能力进行衡量时，要看这个国家拥有外汇的数量，这是非常重要的一个衡量标志。

一个国家增加本国外汇收入的途径主要有两条，一是通过外贸途径来获取外汇；二是通过非贸易途径来获取外汇。前者称为贸易外汇，后者称为非贸易外汇。通过发展旅游业来增加外汇收入属于非贸易外汇（图1-3-1）。

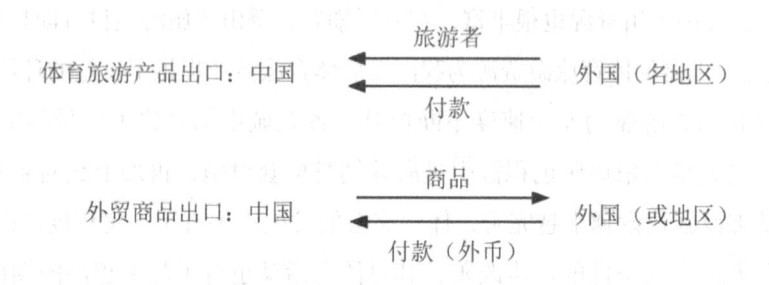

图1-3-1 外汇收入

旅游业在创汇方面具有非常重要的积极影响，发展旅游业能够促进国家外汇收入的增加，这是出口贸易创汇所无法企及的。换汇成本低、节省运输开支、不受一般贸易保护限制等是旅游业创汇的主要表现。

（二）增加就业机会

社会上的就业机会一般是由部门、行业的发展所带来的。与其他行业相比，尤其是和重工业相比，体育旅游业的发展在解决就业问题方面更具优势。体育旅游业属于劳动密集型行业，而且这一服务行业具有突出的综合性特征，发展体育旅游业，不但能够使体育旅游者在旅游过程中多方面（如食、住、行、游、购、娱等）的需求得到满足，还能推动其他行业的发展，这样社会上就会有很多的就业岗位供劳动者选择。

体育旅游业的发展有利于扩大就业机会，这主要分以下两种情况：

第一，扩大直接就业机会。体育旅游者在旅游过程中的直接消费有利于扩大直接就业机会，如旅游者在旅游过程中难免会在商店等地消费，因此这些场所就要招聘一定数量的服务人员来为消费者提供服务。

第二，扩大间接就业机会。体育旅游业的发展会带动其他行业（制造业、建筑业、食品加工业等）的发展，而其他行业的发展离不开一定数量和质量的人力资源，这就扩大了社会就业机会。

体育旅游就业有其自身的特点，主要表现在以下两方面：

第一，季节性变化。体育旅游具有明显的季节性特征，因此季节的变化也会影响体育旅游就业，这为那些只需季节性就业的人（如学生、家庭妇女等）提供了良好的就业机会。

第二，体育旅游业为女性提供的就业机会多于为男性提供的就业机会。研究表明，从事与体育旅游相关工作的女性是男性的 3 倍。

（三）优化产业结构

三大产业（第一产业、第二产业和第三产业）之间的比例关系就是产业结构。随着经济的发展和科技的进步，产业结构也在不断变化。三大产业的发展具有一定的顺序与规律，第一产业、第二产业先发展，第三产业在第一产业、第二产业发展的基础上，依赖于物质生产部门而不断发展。当社会生产力的发展达到一定水平后，要想促进经济的持续发展，就要注重第三产业的发展。当前，人们对第三产业产品（服务产品）需求的收入弹性要比对物质产品需求的收入弹性高，所以第三产业得到了快速的发展。社会生产力水平越高，经济就越发达，人们的收入也就越多，一旦收入增加，人们对服务产品就有了更大的需求。因此，随着生产力水平的不断提高和经济的日益发展，第三产业在整个产业结构中将会占到越来越大的比重。

现代体育旅游业是一种新兴经济行业，其是在生产力高度发展的基础上产生与发展起来的，目的是使人们追求刺激和发展的需要得到满足。当今，从全球范围来看，旅游业已成为最大的产业之一，其在第三产业中占据着非常重要的地位，作为旅游业的重要组成部分，体育旅游的经济价值也很突出。

作为一项综合性产业，体育旅游业的发展离不开各相关行业的综合发展，其他行业的发展程度会从不同方面影响体育旅游的发展。离开其他部门的大力协助和支持，体育旅游业是不可能得到发展的。体育旅游业的发展受各相关行业的影响，同时也会影响多种行业的发展。体育旅游的发展有利于促进旅游目的地原有产业结构的优化，有利于推动旅游目的地经济的发展，同时也为其他部门和行业的发展开辟了新的生产门路。

体育旅游业在第三产业中属于一种高消费行业，其更新换代的速度非常快，远远超过一般耐用消费品，有关行业在生产方面必须不断引进和采用新技术、新材料、新设备，才能满足消费者不断变化的需求。体育旅游涉及多个方面的消费，如食、住、行、游、购、娱等，因此体育旅游的发展能够带动与这些消费相关的各行业的发展，如交通业、建筑业、轻工业、商业等。体育旅游具有很高的附加值，因此在优化产业结构方面具有非常重要的作用。

（四）促进区域经济水平的提高

国际旅游的发展有利于促进外汇收入的增加，使财富转移到其他国家或地区，而国内体育旅游的发展则能够使货币从国内一个地区转移到国内另一地区，这有利于更好地分配国民收入，促进国内地区间经济的协调发展。通常来说，一个旅游地的经济越发达，游客就越多，经济发展滞后的地区一般很难吸引游客，但如果经济落后地区的体育旅游资源丰富且极具特色，也会吸引游客来访，游客在这些旅游目的地的消费会促进这些地区经济的发展，同时也会促进这些地区人民生活水平的提高，这样地区间的经济发展差距就会缩小。

我国西部山区、乡村和偏僻边远地区有相当多的有特色的体育旅游资源，这些地区通过发展体育旅游，改善了原来的经济面貌和环境质量，提高了本地人民的生活水平，同时也吸引了外界投资。

体育旅游在推动经济发展方面的作用主要表现在扩大就业机会、增加税收、促进各相关行业的发展等方面。

二、体育旅游对社会文化的影响

（一）促进人民生活质量和身心素质的提高

体育旅游是一个充满欢乐的过程，各方面的生活内容在体育旅游中都有反映，人们参与体育旅游能够从不同方面享受生活。体育旅游同时也是一个锻炼人和充满挑战的过程。人们参与其中,身心会得到一定程度的磨炼并在不断挑战大自然和战胜自我的过程中获得快感。

陶冶性情、开阔胸襟等也是体育旅游带给旅游者的意义与价值。人们在旅游过程中,暂时忘掉了生活和工作中的压力和烦恼,在参与体育活动的过程中与大自然近距离接触,从而获取积极的生活因素,即欢乐、健康、情感交流等。据统计,经常参与体育旅游活动的人发病率较低,适当地在变换的环境中生活更有利于给人带来精神的愉悦,而一成不变的生活会使人感到压抑。

体育旅游可以使旅游者的视野得到拓展,旅游者在旅游过程中会不断对地理、历史、文学、艺术等方面的知识进行学习与补充。体育旅游目的地的风俗人情、生活习惯、民间艺术、服饰等都是社会文化的重要组成部分,旅游者了解这些社会文化,感受这些社会文化,其鉴赏水平和艺术修养就会得到提高,可见体育旅游有利于培养高尚的情操和审美能力。

体育旅游有利于培养旅游者的个性。体育旅游的教育意义非常突出,具体表现在培养意志品质和互助合作的团队精神方面,这方面的作用在年轻人身上表现得更为明显。年轻人通过参与体育旅游活动,可以深入体验社会生活,对现实有进一步的认识,从而养成积极面对现实的良好态度。社会生活复杂多样,人们参与体育旅游可以认识社会生活的多面性,正确面对自己的人生和未来的社会。体育旅游还有利于对人们的内在情感因素进行激发,开发旅游者的智力,提高旅游者的艺术创造力。

体育旅游能够使人们的求知需求得到满足,人们在参与体育旅游的过程中,对大自然的奥秘进行探索,对社会现象进行洞察,从而能够学到多方面的知识。我国自古就有一句名言"读万卷书,行万里路",这句话形象地说明了体育旅游在增进学识方面具有非常重要的作用和意义。旅游者在参与体育活动的过程中,与各种各样的事物和人物接触、交际,视野自然就能够变得开阔。作为一个综合性的学习园地,体育旅游涉及多种科目,如历史、地理、气象、天文、生物、考古、建筑、艺术、园林等,我们可以将这些科目总的概括为两大类,即社会科学和自然科学,可见体育旅游与社会和自然都存在着密切的关系。

体育旅游有利于提高人们的身体素质,促进人们身心协调发展。随着生产力的不断发展,社会生产技术水平日渐提高,我们已经步入了机械化、电气化乃至智能化的时代。在新时代，人们的体力消耗逐渐减少，日常生活与工作几乎都离不开电脑和网络。随着机械化和电气化时代的到来，环境污染日益严重，如空气污染、噪声污染等，这些都严重影响了人们的身心健康，加重了人们的精神苦恼。而体育旅游能够帮助人们摆脱这些苦恼，人们在旅游过程中与大自然接触，呼吸新鲜空气，接受阳光的沐浴，自然就会感觉心情舒畅，身体素质也会得到一定的提高。身心素质的提高又有利于促进人们体力的恢复和工作效率的提高。

（二）促进人民之间的相互了解

体育旅游属于一种社会交往活动，发展国内体育旅游，有利于促进各地区之间人民的友好往来，发展国际体育旅游，有利于增进各国人民之间的友谊，也有利于国家之间建立友好关系。国际关系的和谐、各国人民之间增进了解等愿望可以在发展体育旅游的过程中得以实现。社会各阶层因为有不同的政见，所以存在误解与矛盾，各种族之间也存在着不同程度的分歧，通过体育旅游，误解、矛盾、分歧将会得到缓解，各种族之间的距离将会缩短，各阶层、种族之间也会变得相互理解与合作，进而建立深厚的友谊，这对促进世界和平具有非常重要的意义。

体育旅游是各国之间友好交往活动的主要形式。不管国家之间是否建立了外交关系，人民之间都可以通过体育旅游来相互接触、认识和了解，并建立深厚的友谊。可以说，体育旅游是官方外交的补充和先导。比如，中美两国政府在20世纪70年代还未建立外交关系时，两国乒乓球代表团就率先展开了接触与交流，这直接推动了两国政府建立外交关系，保持友好往来。

作为民间外交的重要形式，旅游具有以下三方面的特点：

1. 广泛性

政府之间的交流完全属于官方交流，但旅游并非如此，各个阶层、职业、信仰、年龄的人都可以和国外友人进行旅游交流。

2. 群众性

平民百姓是重要的旅游大军，或者说，旅游者都是以老百姓身份进行旅游的。一般来说，官方外交礼节、规格等不会对旅游者的思想和行动造成约束和限制，旅游者可以在法律和道德允许的范围内自由行动，旅游者在旅游过程中可以随心地与他人接触和交谈，从而结识更多的朋友。

3. 灵活性

旅游者可借助各种不同的形式来与不同民族和阶层的人接触与交流，结交各种各样的朋友，在旅游过程中还可以对各种政治经济制度、民族文化、思想体系等进行考察。旅游者在发表自己的旅游感想时，可以自由选择各种形式，如写文章座谈、演讲等，内容既可以是赞扬，也可以是批评。

体育旅游是一种旅游形式，其以体育为纽带，有利于缩短社会各阶层以及种族之间的距离，使人们之间的偏见得以消除。人们在不断参与体育旅游活动的过程中，与他人建立了深厚的感情。随着体育旅游面的不断扩大，各国之间、各民族之间、人与人之间的障碍与矛盾将逐渐消除，谅解、友谊等逐渐取代了矛盾与隔阂，这非常有利于促进世界和平发展。

（三）促进民族文化的发展和保护

体育旅游与社会文化之间存在着非常密切的联系。随着体育旅游业的飞速发展，其文化职能日趋凸显。体育旅游不但能够为旅游者参观文物古迹和游览自然风光提供机会，还有利于促进文物的保护、环境的美化以及民族文化的发展与繁荣。

社会文化是现代体育旅游发展的一大推动因素。体育旅游内容丰富，人们参与体育旅游活动，不仅是在感受体育生活，也是在享受文化生活。体育旅游资源、设施、服务等是体育旅游者在旅游过程中的基本需求，这些需求的核心内容都是民族文化，与体育旅游相关的自然资源和人文资源都是民族文化的结晶。自然风光之所以能够吸引人们参观，主要是因为其与有关民族精神与民族文化的神话传说或名人逸事有关；陵墓、古都、风土人情、古建筑等人文资源之所以对旅游者有强大的吸引力，主要是因为其蕴藏着悠久的文化历史与传统。体育旅游者在旅游过程中对具有民族风格和地方特色的体育旅游设施进行不懈的追求，对生机勃勃且富有文化修养的体育旅游服务进行享受，这些都与社会文化息息相关。可以说，在现代体育旅游业中，民族文化是作为灵魂而存在的。

体育旅游者之所以参与体育旅游活动，一个最主要的动机就是向往和追求不同的文化。人们对不同文化充满好奇，希望能够借助体育旅游的机会探索不同文化中的奥秘。体育旅游者一般都不满足本国或本土文化带来的享受，希望能够对其他国家和地区的文化进行探索，并从中获得不一样的体验。随着社会的不断进步和人类文化的不断发展，人们探索不同文化的欲望越来越强，科技的进步和发展、现代交通以及通信设施的应用为人们对不同的文化探索提供了便利的条件。体育旅游者借助便利的条件对异国的体育旅游资源进行欣赏、对异国的生活习俗进行体验时，也会对异国的文化有一定的了解，长此以往，旅游者的文化素质会得到一定程度的提高。

体育旅游有利于促进文化的传播和各地文化的交流。体育旅游者涌入旅游目的地，将自己民族的文化和科技信息带到该地区，对旅游目的地的发展造成一定的影响。旅游出发地的文化传入旅游目的地，对目的地文化的发展所造成的影响是双面的，既有积极的影响，又有消极的影响。

人们在参与体育旅游活动的过程中，对民族文化的了解会不断加深，保护历史文物的自觉性也会不断提高，大众文化保护意识的觉醒也会促使政府部门更加注重民族文化的保护。

三、体育旅游对环境的影响

体育旅游会对环境造成一定的影响，既包括对自然环境的影响，也包括对社会生活环境的影响。

较高的环境质量是发展体育旅游的一个主要条件。发展体育旅游又有利于促进环境保护，体育旅游在环境保护方面的积极作用主要体现在以下几方面：

（一）有利于推动自然资源保护

发展体育旅游，需要对高原、雪山草地、河流、森林等自然资源进行开发，这些资源是体育旅游业发展的基础。经过开发的自然资源为体育旅游项目的开展提供了良好的场所，如登山项目自驾车越野项目、漂流项目、滑雪项目等。为了更好地开发旅游项目，发展体育旅游业，需要将这些自然旅游资源保护好。

（二）有利于基础设施的改善

发展体育旅游，需要设计旅游路线，为了促进体育旅游的方便通达，设计人员需要不断扩建、新建主路与辅路，不断改善沿路的路况，同时也应有意识地提高常规线路上的运营车辆的档次。为了给体育旅游者提供方便，应多在旅游线路上设置加油站、汽修点、邮局，同时也应增加设备数量，提高设备档次。

(三)促进相关设施的建设

体育旅游涉及很多方面的内容,而且需要对大量的相关设施进行建设。发展体育旅游,有利于推动旅游目的地和沿途相关设施的建设,如休闲娱乐设施、康复设施、健身设施等,除这些设施外,体育用品商店的数量也会日益增多。

(四)有利于历史建筑和古迹遗址的保护

体育旅游的发展为旅游目的地带来了可观的收入,而收入的增加为历史建筑、古迹遗址的维护、恢复和修整提供了良好的资金保障,因此体育旅游的发展有利于保护历史遗址和古迹建筑。

(五)促进旅游目的地环境卫生质量的提高

发展体育旅游需要旅游目的地的环境质量达到一定的要求,其中最基本的要求是保证人体健康。旅游目的地的环境质量应比一般生活与生产的环境质量高一些。为了使体育旅游者的多元体育旅游需求得到满足,旅游接待地必须加强环境管理,促进环境质量的提高。

第四节 体育旅游与社会休闲之间的互动关系

体育旅游属于一种社会休闲活动,即体育旅游的内容包含在休闲范畴中。对体育旅游与社会休闲之间的互动关系进行探讨,前提并不是将二者并列或割裂,而是在一种包容关系中对两个方面的问题进行分析:第一,社会休闲生活方式如何为体育旅游的发展提供良好的条件,如何推动体育旅游的发展;第二,体育旅游的发展如何促进社会休闲活动内容的丰富,如何促进人们健康地参与社会休闲活动。

一、社会休闲为体育旅游的发展搭建平台

社会休闲为体育旅游的发展创造了良好的条件,这主要体现在以下三个方面:

第一,社会休闲与体育旅游之间存在着密切的关系,经济的增长、产业结构的变化和城市化进程的加快等都是社会休闲发展到一定阶段后产生的积极影响,

这些影响又为旅游和体育旅游的发展提供了优良的条件。社会产业结构中，主体产业并非固定不变的，最初第一产业为主体产业，后来第二产业是主体产业，现在第三产业是主体产业，这种产业结构的变化在20世纪90年代就已经体现了（表1-4-1）。在整个国民经济构成中，第三产业所占的比重越大，就说明城市化水平越高，城市化水平的提高不仅能够推动社会经济发展，还会从各方面影响居民的思维观念、文化素养、生活习惯、行为方式等。城市化进程带动了经济的发展，随着这一进程的加快，城市中聚集的人口和经济要素越来越多，这就为体育旅游的发展提供了充足的资源与良好的平台。

表1-4-1 世界部分城市第三产业产值及就业结构[①]

城市	产值比重（%）	就业比重（%）	年份
香港	73.20	63.30	1990
东京	72.50	70.00	1988
汉城	68.90	63.20	1989
纽约	80.00	86.70	1989
巴黎	72.70	77.90	1988
罗马	73.00	80.90	1981

第二，居民生活条件的改善、健康意识的觉醒和休闲方式的转变推动了体育旅游的发展。从传统的、旧的生活方式转变为新的生活方式是现代休闲方式的本质，新的生活休闲方式是高质量的、健康的。完备的基础设施和优良的生活环境是构建休闲社会需要具备的基本条件，这两个条件有利于促进居民生活质量的提高。社会经济的发展不但促进了人们收入的增加，而且使人们有了更多的闲暇时间，这在很大程度上推动了居民生活条件的改善，生活条件改善和生活质量提高为人们参与体育旅游提供了良好的条件。

随着人民大众受教育程度和文化素养的提高，人们日益关注自身的健康问题，因此也逐渐树立了科学的健康观念。人们慢慢意识到，身强体壮并不是完全的健康状态，只有心理素质、社会适应能力等也处于良好状态，才算是真正意义上的健康。意识的觉醒使得人们对生活质量与品位越来越重视。现代社会中，人们的休闲需求越来越多元，层次越来越高，而要达到强身健体与保持健康状态的目的，

[①] 余昕.西部体育旅游与休闲[M].成都：西南交通大学出版社，2012.

就不可避免地要参与各种体育活动。随着人们健康观念的转变，体育人口日益增加。其中，一部分体育人口成为体育旅游者，积极参与体育旅游活动。从市场学的角度来看，市场形成和发展需要具备的一个必要条件就是消费者在一定规模上的聚集。从这一角度来看，开发与培育体育旅游市场，也需要先实现消费者的聚集效应，尤其要注重对中青年消费者的集聚，这主要是因为中青年经济与物质条件比较好，而且也是传播、推广及参与社会休闲活动的主要大军。

第三，休闲产业为体育旅游的发展提供了良好的物质基础。休闲产业与人的休闲需求、休闲生活及休闲行为密切相关，旅游业、娱乐业、服务业都属于休闲产业。休闲产业的发展能够积极推动国家经济的增长，在很多国家，休闲产业都是社会产业系统中的支柱产业。国家博物馆、国家公园、体育、交通、影视、导游、旅行社、餐饮业、纪念品、社区服务等及与之相关的产业群都在休闲产业中有所涉及。这些方面的内容不仅为体育旅游的发展提供了重要的物质基础，而且能够在很大程度上满足旅游者的精神需求。

二、体育旅游活动丰富社会休闲内容

旅游作为一种社会现象，最初只是出现在有闲阶层的范围中，在劳动者拥有了带薪休假的权利后，旅游突破了原有的范围限制，走向了大众生活，具有了一定的广泛性特征。当人们的物质生活得到改善后，其就开始追求文化生活品位，旅游能够使人们的文化生活需求得到满足。但是，随着时代的进步与社会的发展，传统旅游已难以使人们的需求得到很大程度的满足。所以，为了使旅游的发展与人们的需求相适应，应将更多的内涵赋予旅游，在旅游中挖掘更多的功能。休闲旅游的提出能够有效地解决传统旅游难以适应人们需求的问题。体育旅游强调个体与群体间的文化氛围、经历、体验、传播及欣赏，其不仅能够使人的感官需求得到满足，还能使人的心理需求和精神需求得到满足。随着经济的不断发展，很多人都普遍采用旅游的形式来丰富自己的休闲生活，旅游能够使人们的多元休闲需求得到满足。

第二章 体育旅游资源的开发与管理

我国地大物博，不仅有着丰富的自然资源和人文资源，而且所拥有的体育旅游资源也是非常丰富的。经过不断发展，我国的体育旅游资源得到了进一步的开发，并且在各项政策的推动下，体育旅游资源得到了有机整合，这些都促进了我国体育旅游当前的良好发展。本章主要介绍了体育旅游资源的开发与管理，分为以下三个方面：体育旅游资源概述、体育旅游资源开发与整合、体育旅游资源管理与可持续发展。

第一节 体育旅游资源概述

一、体育旅游资源的概念

关于体育旅游资源，通常将其分为两方面：一方面是体育旅游对象，主要是指一些经过人为开发或部分开发的事物，已开发的体育旅游资源以及部分潜在的体育旅游资源都属于体育旅游对象的范畴；另一方面是体育旅游设施，是专门为参与者提供体育旅游活动条件、满足体育活动需求的娱乐设施和服务设施。

对于体育旅游者来说，他们在选择目的地时，首先要对体育旅游资源进行考量。一般来说，旅游目的地的种类越齐全，内容越丰富，数量越多，质量越高，这个旅游目的地对旅游对象就会有更大的吸引力，被选择的概率就会越大。

通过上述分析，可以将体育旅游资源的概念界定为：在自然界或人类社会中能对体育旅游者产生吸引力，激发其体育旅游动机，并付诸其体育旅游行为，为旅游业所利用且能产生经济、社会、生态效益的事物。

二、体育旅游资源的类型划分

（一）按自然资源划分

按照自然资源，可以将体育旅游资源划分为以下几种类型（表2-1-1）：

表2-1-1　按照自然资源划分体育旅游资源

划分类型	定　义	可开展的体育旅游项目
地表类	指山峰、山地、峡谷、戈壁、沙滩、洞穴、荒漠等	登山、攀岩、沙滩排球、沙地足球、野营野炊、速降、徒步穿越、洞穴探险、滑沙等
水体类	指海洋、湖泊、瀑布、江河、溪流等	潜海、冲浪、滑水、漂流、瀑降、垂钓、划船、游泳、扎筏渡河、溯溪、溪降等
生物类	指森林风光、草原景色、古树名木、珍稀动植物等	森林穿越、野外生存、草原骑游、溜索、滑草、狩猎、观花、观鸟等
大气类	指云海、雾海、冰雪、天象胜景等	攀冰、滑翔机、高山摄影、溜冰、滑雪、滑翔伞、热气球等
宇宙类	指太空、星体、天体异象、太阳风暴等	太空飞行、太空摄影、太空行走、登月探险等

（二）按照人文资源划分

按照人文资源的内容，可以将体育旅游划分为以下几种类型（表2-1-2）：

表2-1-2　按照人文资源划分体育旅游资源

划分类型	定　义	可开展的体育旅游项目
历史类	主要是指古人类遗址、古代伟大工程、古城镇、古建筑、石窟岩画等	考古探险、徒步穿越、驾车文化溯源等
民族风俗类	指民族建筑、民族风情、传统节庆、社会风尚、起居服饰、特种工艺品等	射箭、摔跤、赛马、推杆、秋千、民族歌舞竞赛等
宗教类	指宗教圣地、宗教建筑、宗教文化等	转山、转庙、登山、徒步文化溯源等
园林类	指特色建筑、长廊、人工花园、假山、人工湖等	野营、野炊、垂钓、划船、定向穿越、丛林激光枪战等
文化娱乐类	指动物园、植物园、游乐场所、狩猎场所、文化体育设施等	野营、野炊、狩猎、垂钓、划船、定向穿越、观赏体育赛事等

（三）按照活动类型资源划分

按照活动类型，可以将体育旅游资源分为以下四种类型：

观赏类：观看奥运会、世界杯足球赛、全运会等。
竞技类：竞争激烈的体育赛事。
体验类：野营野炊、自驾车等。
探险类：登极高山、无氧攀登、洞穴探险等。

三、体育旅游资源的特点

体育旅游资源的显著特点表现在以下五个方面：

（一）多样性特点

体育旅游资源是旅游资源与体育运动的结合，体育运动的加入，进一步丰富了旅游资源的内容，这也就赋予了体育旅游资源内容多样性的特点。

另外，在体育旅游者需求方面也有着显著的多样性特点。按照不同的动机，可以将体育旅游分为陆地、水域、空间这几种类型。在同一体育运动项目中，也可以将其分为极限、探险、休闲这三种类型。具体来说，在体育旅游过程中，人们可以从事体育健身、休闲旅游，猎奇探险的同时，还能观赏美景、学习知识、增加智力等。

（二）定向性特点

所有旅游资源对旅游者具有吸引力是其共有的本质特征。但体育旅游资源的吸引力与体育旅游者认识方面的主观效用有着一定的关联性。体育旅游资源吸引功能的实现，是需要一定路径的，这里主要有两个方面：一个是体育旅游资源的形成被体育旅游者感知和决策；另一个是体育旅游者向体育旅游资源的移动。

就某项具体的体育旅游资源而言，其对不同旅游者的吸引力是不同的。比如，登山攀岩运动，对喜欢极限运动的人的吸引力非常大，但是对喜欢水上体育旅游的人来说并没有什么吸引力。由此可见，不管是什么样的体育旅游资源，在吸引力方面都表现出了显著的定向性特点。

（三）区域性特点

体育旅游资源是存在于特定的地理环境中的，因此，这也就决定了体育旅游资源具有一定的区域性特点。这在自然旅游资源和人文旅游资源上都有所体现。

区域性是旅游资源的最本质的特征。正是由于旅游资源的区域性差异,一个地方的自然景物、人文风情和体育旅游活动项目具有吸引异地旅游者的功能,有了这些功能才称其为体育旅游资源。由此可以得知,是否保持和突出了一个区域的旅游资源的地方特色在很大程度上决定着一个国家或地区旅游业是否有成就。

体育旅游资源的地域性特点在地理上表现出了不可移动的特点,使它在所在地区一般都是独一无二的。我国的长城、埃及的金字塔、美国的科罗拉多大峡谷等都是典型代表。

一般地,体育旅游资源的区域特色越显著,内容越丰富,影响越广泛,对体育旅游者的吸引力越大。

(四)重复性特点

体育旅游资源与其他旅游资源之间存在的一个显著差异,就是体育旅游者故地重游的现象较为显著。对于体育旅游资源来说,体育旅游者往往会将户外体育锻炼这一功能充分利用,并对体育旅游的参与性与挑战性特点进行充分体验和感受。

(五)季节性及变化性特点

景物会随着四季的变化而发生变化,同时,也使相对应的体育旅游方式发生改变,这就是季节性特点。对这一特点起到决定性作用的因素主要有体育旅游资源所在的纬度、地势气候等方面。除地理纬度因素外,地势的高低也会直接影响其垂直变化。

体育旅游的主要功能在于户外体育锻炼,且多数以自然风光为背景展开活动。以山岳、水体、动植物为依托,许多自然旅游资源要素随时间变化表现出不同的组合关系。气象要素在一日之内的变化都是很大的,更不用说更长的时间了。从某种意义上来说,体育旅游资源总是随着人类物质文明和精神文明的进步而不断补充、发展的,这也体现出了其显著的变化性特点。

四、体育旅游资源的功能

体育旅游资源的功能表现在以下三个方面:

(一)作为现代旅游活动的客体存在

在体育旅游过程中,体育旅游资源是其活动的直接对象,存在的形式为体育旅游活动客体。具体来说,包含的内容主要有:已经开发的体育旅游资源和尚未开发的体育旅游资源。在社会经济与现代旅游业的发展过程中,许多新的体育旅游资源被不断地开拓与发掘出来,并为体育旅游者创造了参与体育旅游的机会。

(二)吸引功能

良好的体育旅游资源的吸引功能是比较强的,能够吸引更多的体育旅游者参与,或将更多体育旅游者的动机激发出来。

从某种意义上来说,体育旅游资源的吸引功能是相对于体育旅游者这一客源市场而存在的,其吸引力往往会作为一个重要标准来对体育旅游资源的价值进行评价。总的来说,客源市场是任何体育旅游资源都不可或缺的重要对象,否则,其本质特征与自身价值就会消失,体育旅游资源也不会存在了。

(三)效益功能

对于体育旅游强国来说,体育旅游产业所产生的经济效益是国民经济生产总值的重要支柱,这也在某种程度上体现出了旅游资源开发的综合经济效益。除此之外,体育旅游资源的社会效益和生态效益功能也不可忽视。

第二节 体育旅游资源的开发与整合

一、体育旅游资源的开发、利用与保护

(一)体育旅游资源开发利用的价值体现

体育旅游资源的开发与利用,是指人们为了发挥改善和提高体育旅游资源的吸引力所从事的开拓和建设活动。[1] 为了对这一概念有更加深入的理解,可以从两个方面来剖析:一是改变体育旅游资源的可进入性,将尚未被利用的资源变成

---

[1] 陶宇平.体育旅游学概论[M].北京:人民体育出版社,2012.

能为体育旅游者所用的资源；二是对已被部分利用的资源在其利用的广度与深度上加强。

旅游资源开发所涉及的对象主要有两个方面：一方面是现实的旅游资源，另一方面是潜在的旅游资源。潜在的旅游资源向现实的旅游资源的转化是需要进行初始开发和建设的，这是必不可少的重要程序。

众所周知，体育旅游资源的吸引力实际上是体育旅游者主观兴趣的反映。经初始开发后的旅游景点由于适应游客的兴趣和需求而吸引力逐渐增大，因而来访的旅游者人数也逐渐增多并形成盛况。但是，随着时间的推移，供需两方面往往都会产生新的变化。

从理论上来说，以某项旅游资源为核心的一个旅游点的生命周期是有终点的，只不过是有的早一些，有的晚一些罢了。从实践上来说，人们只要不断进行开发，不断更新和再生其吸引力，就能够使其市场寿命得到有效延长。

（二）体育旅游资源开发利用的内容

对体育旅游资源的开发与利用，所涉及的内容主要有以下四个方面：

1. 体育旅游资源开发的市场针对性

体育旅游资源是按照自然资源与人文资源的条件来进行开发的，并且对所能利用的体育旅游项目加以选择。其需要遵循的一个基本原则就是所开发与利用的项目必须与客源市场的需求相符。

相较于一般旅游来说，体育旅游的参与性特点要更加显著。极限探险、猎奇型体育旅游活动的参与者，他们往往是旅游的先行者和主力军，对体育旅游资源的要求要比一般旅游者高。体育旅游资源不仅要满足新奇、无危险的基本要求，还要具有显著的挑战性、刺激性特点，这样旅游者对体育旅游的需求才能得到较好的满足。除此之外，这部分旅游者对野外生存、救护、通讯联络的要求较高，但对交通道路、旅游基础设施方面的要求则相对比较低。

2. 体育旅游资源开发的可进入性

由于体育旅游资源是处于特定的自然环境中，其在地理位置上具有不可移动性的特点，这就导致了体育旅游资源与潜在旅游市场之间是存在着一定的空间距离的，这就会影响体育旅游资源开发的可进入性。

这里所说的体育旅游资源开发的可进入性是指旅游资源所在地同外界的交通

联系及其内部交通条件的通畅和便利程度，对于体育旅游目的地的开发来说，便利的交通条件会对其成功产生重要影响。质量再好、品质再高的旅游资源，如果该地没有较为便利的交通运输条件，其对旅游者的吸引力就会大打折扣，进而导致体育旅游资源的应有价值得不到充分展现。由此可知，要提高体育旅游资源开发的可进入性，首先需要做好必要的交通基础设施的建设工作，其次还要合理安排有关交通手段运营。

3. 建设和完善体育设施与旅游设施

（1）建设体育设施

体育旅游活动的开展是离不开体育设施建设这一基础性条件的。具体来说，体育设施建设所涉及的内容有如下三方面：

第一，购置和自制所开展体育旅游活动的设备与器材。

第二，运动场所及配套设施建设。

第三，做好体育旅游活动的安全与保障建设工作，对线路全程的安全性加以评估。

（2）完善旅游接待设施

在体育旅游资源的开发利用过程中，需要完善的旅游接待设施有以下两方面：

①旅游基础设施

旅游基础设施主要是指一般公用事业设施和满足现代社会生活所需要的基本设施或条件这两个方面。当地居民是旅游基础设施的主要使用者，但也必须向旅游者提供必要的有关设施作为旅游基础设施。

②旅游服务设施

饭店、旅游问讯中心、旅游商店、某些娱乐场所等都属于旅游服务设施的范畴。由此可以将其归纳为：虽然也可供当地居民使用，但主要是供外来旅游者使用的服务设施。

4. 培训提供专业服务人员

对于某一区域的体育旅游资源来说，其旅游产业的发展，也会受到旅游服务质量高低的影响。因此，对旅游地区的服务人员进行专业化的培训是非常重要且必要的。

体育旅游的特点主要包括参与性、刺激性、挑战性等。对于体育旅游者尤其刚刚加入其中的初学者来说，他们在参与体育旅游活动的过程中或多或少会存在一定的心理障碍，这就需要有专业的人员来对他们进行科学、积极地开导，进而克服这些障碍。鉴于此，对体育旅游服务人员的专业技术的指导服务、安全保护服务、旅游点的景区导游讲解服务等就有着较大的需求，这方面的服务需求是要重视并尽快加以实施的。

（三）体育旅游资源的保护

体育旅游资源不仅需要开发利用，还需要对其加以保护。所保护的内容主要为：旅游吸引物本身以及周围环境。从某种意义上来说，对体育旅游资源的保护，不仅是保护旅游资源，同时还是对体育旅游本身的保护。

体育旅游资源是通过两种方式被破坏或损害的：一个是自然性破坏，主要是指地震、洪水、泥石流等自然灾害，以及长年累月的风化作用等；另一个是人为性损害，究其根源分为建设性破坏和游客带来的破坏以及过度开发的破坏。鉴于此，保护体育旅游资源工作迫在眉睫，要引起重视。

二、体育旅游资源的整合

（一）体育旅游资源整合的意义

1. 对旅游产业升级有利

旅游产业升级的实现，是需要一定基础的，而这主要是指体育旅游资源。改革开放至今，我国开发建设了大量各种类型的旅游景区（点），同时也使旅游资源空间结构相对松散、同类旅游资源重复开发、旅游资源产业链条简单、特定区域旅游资源缺乏主题、"门票经济"现象等问题出现。因此，只有将这些方面的问题妥善解决好，旅游产业升级才有可能实现，而旅游资源整合为此提供了有效的思路和手段。旅游资源整合能够集合单体旅游资源优势，合理分工、有效互补、容易实现规模优势与集群优势，从而夯实旅游产业升级的资源基础。

2. 对促进区域协调发展有利

在世界经济全球化与区域化的背景下，旅游业的竞争已经从景点竞争、旅游线路竞争、旅游目的地竞争发展到区域竞争。随着人们可支配收入的提高和闲暇时间的增多，旅游者对深度旅游、个性旅游的倾向性更强一些，因而就对旅游资源的品级、质量等提出了更高的要求。要实现旅游资源整合，就必须打破地域限制、行政分割，使对旅游资源点和资源区的划分和布局更加科学合理，保证区域旅游活动内容的丰富性和层次的多元化，使不同旅游者的各项需求都能得到满足。

3. 对形成区域品牌形象有利

当前，旅游资源越来越丰富，旅游者在选择旅游目的地时，往往会有很多选择。内涵丰富、鲜明生动的旅游形象往往会对旅游者的选择产生决定性影响。

一般来说，在一定区域范围内，往往会有若干个旅游资源单体同时存在，但它们的旅游形象却各有不同，带给旅游者的印象通常是碎片式的。在这种情况下，就需要进行体育旅游资源的整合，这样在全面分析各种旅游资源特点的同时，将它们之间的共性找出来，设定出鲜明的主题，对资源进行重新组合，将各方面的优势集合起来，塑造区域形象，从而促使品牌优势的形成。

（二）体育旅游资源整合的原则

在体育旅游资源整合过程中，需要遵循以下五个方面的原则：

1. 整体优化原则

整体优化原则强调整合过程中，要对各旅游资源要素之间相互依存、相生相养、共同发展的关系引起高度重视。

整体优化原则与各旅游资源单体之间，尽管有着一定的关联性，但是两者并不是处于同一层面的，在开发时序上也不是齐头并进的。在整合、开发区域旅游资源时，一定要注意站在战略的高度进行，这样对于准确把握区域旅游资源的整体特点、主导优势内部差异与互补、周边环境状态与他域之间的比较优势等是非常有利的，同时还要进行区域整合的整体运作，由此，才能够实现旅游资源经济、社会与环境效应的最大化。

2. 协调互补原则

在体育旅游资源的整合过程中遵循协调互补原则，实际上就是要求对同类旅游资源的错位开发与异类旅游资源的优势互补起到积极的促进作用，从而形成品种丰富、层次多样、功能完善、适应多种不同需求的旅游产品体系，提高区域旅游核心竞争力。

在对体育旅游资源进行整合时，一定要有全局观，并且以此为出发点，积极探索有被替代可能性的旅游资源的发展路径，从而有效避免恶性竞争，降低对区域旅游形象和利益的负面影响。

一般来说，体育旅游资源有着非常显著的、天然的互补性特点，对此进行整合，实际上就是将不同类型旅游资源中的共同性找出来，然后根据得出的结论来进行相应主题的开发，并且将开发出的体育旅游资源按照一定规律和特点衔接和串联起来，形成游客心目中整体的旅游形象，促进各旅游景区（点）高效互动，塑造区域旅游品牌，从而使区域旅游发展的良性循环得到有力保障。

3. 市场导向原则

市场导向原则重视的不仅是体育旅游资源，在整合过程中，随着市场需求的不断变化，要对旅游资源各个方面进行适当调整，还要尽可能提高旅游资源效用值，从而使游客的需求得到满足。

在对体育旅游资源进行整合开发之前，首先要进行客观、细致的市场调查，通过对市场动向的准确掌握，为开发和整合工作的开展奠定坚实的理论基础。在整合和开发实施的过程中，需要随时根据市场的变化对具体实施内容进行调整，从而使区域旅游竞争力得到保证。这就体现了市场导向原则。

4. 以人为本原则

近年来，"以人为本"在越来越多的领域被提及，可见其重要性。"以人为本，和谐旅游"是旅游发展的重要宗旨，对于体育旅游资源整合来说，也要求以人为本、统筹兼顾、持续发展。因而，在整合体育旅游资源的过程中，不仅要注意对各要素内在联系把握的准确性，同时还要体现出旅游资源开发的地域组织规律；既要统筹区域旅游的当前利益与长远利益，又要兼顾局部利益与全局利益；既要使旅游者的旅游需求得到充分满足，又要尊重社区居民的感受。

5. 政府主导原则

政府在体育旅游资源的开发过程中的主导作用是自始至终的，且在各个方面都有所体现。体育旅游资源整合的主体包含多方面，既有资源所有者，也有管理者或经营者，但是，旅游资源的实际所有权仍然掌握在管理各级地方的政府手中。因此，这就要求行政区政府应在资源整合中，将自身的倡导者和组织者身份和作用充分发挥出来。

(三)体育旅游资源整合的形式与内容

1. 空间整合

按照行政区这一标准,可以将体育旅游资源的空间整合的空间尺度大致分为超国家尺度、国家尺度、省(市)尺度、市(县)尺度、乡镇尺度等。跨行政区共生旅游资源空间整合和旅游资源密集区空间整合是其中的两个主要内容。

(1)跨行政区共生旅游资源空间整合

跨行政区共生的旅游资源,就是旅游资源依托的地域被行政区划分到了不同的行政区。旅游资源为两个或两个以上行政区共有,由不同的行政区分别对各部分行政区行使管理使用权和行政管辖权。

跨行政区共生旅游资源本身就是一种特殊的旅游资源,其显著特征主要包括地理位置相邻性、资源类型共同性、资源开发相互依赖性、利益主体复杂性等。目前,可以通过行政划拨重新配置、组建联合管理机构、构建区间旅游通道、重组区域旅游产品旅游企业集约经营等途径来对跨行政区共生旅游资源加以整合。

(2)旅游资源密集区空间整合

旅游资源密集区域往往具有丰富的旅游资源,也会因此得到政府和旅游开发商的青睐,优先得到发展。由于各个景区的主管单位及开发商不同,难免形成各自为政、独立发展的混乱局面,又因为其所处地缘相近、文化相亲,所以在开发上难免形象主题趋同。

2. 主题整合

主题整合,主要是指在某一个区域内,以旅游资源的总体特点和市场状况为主要依据,制定出旅游产业的发展方向和战略,并将区域旅游的主题和形象确定下来,借此来使区域内的旅游资源得以重组,使其能够与区域旅游的主题相适应、相结合,形成鲜明的旅游形象,打造具有市场竞争力的核心产品,形成有吸引力的旅游目的地。主题整合可以是一个主题框架下的系统整合,也可以是两个或多个主题的交叉整合。当前,较为热门的旅游主题的体育旅游资源整合内容主要有以下三个方面:

(1)生态旅游资源整合

当前,关于生态旅游还没有形成统一的认知,但是,有几个方面是达成共识的。第一，旅游地主要在生态环境良好、文化气息浓郁的地区；第二，旅游者、当地居民、旅游经营管理者等的环境意识较强；第三，旅游对环境产生的负面影响较小；第四，旅游能在资金上为环境保护提供支持；第五，当地居民能参与旅游开发与管理并分享其经济利益，这对当地环境保护也是有所助益的；第六，生态旅游对旅游者和当地社区等能起到环境教育作用；第七，生态旅游是一种新型的、可持续的旅游活动。具体来说，生态旅游资源整合的内容主要包括：内容整合——去伪存真；空间整合——功能分区；机制整合——社区参与。

（2）节庆旅游资源整合

在一定区域范围内对旅游产生吸引力，经开发规划后成为吸引旅游者的动态文化吸引物的各种节事、庆典活动的总和，就是节庆旅游资源。通常情况下，这些活动的规模不同，在特定区域内定期或不定期举行，且围绕特定的主题开展丰富多彩的旅游项目，以其独特的节事活动吸引大量游客，从而提高旅游目的地的知名度，并产生效果不等的轰动效应。由于对节庆活动的良好预期，我国各地的政府纷纷举办节庆活动，呈现出一片热闹景象。一般来说，节庆旅游资源的整合内容主要包括：产品体系的主题化、时间安排的序列化、空间布局的协同化三个方面。

（3）水域旅游资源整合

水域旅游资源是相对于陆地旅游资源而言的。一般来说，江、河、湖、海、水库、渠道等类型旅游资源都属于水域旅游资源的范畴。从空间上来说，水域旅游资源主要包含水上、水下和沿岸三个部分。水域旅游资源具有综合性和复杂性的特点，因而，这就需要运用整合的理念和方法，合理安排整体中的每一个局部，以求达到整体的优化。在整合过程中，需要对水域旅游资源的特性加以注意，即跨界流动性、空间敞开性、水陆关联性、构景多元性。

3. 文化整合

旅游文化是满足旅游者求新、求知、求乐、求美欲望的综合文化现象。旅游文化，通常是指能够直接或间接为旅游服务的文化，它应纳入旅游文化范围，是反映目的地独特形象的文化。特色旅游文化往往形成目的地核心竞争优势。其中，我国较为典型的当属上海的海派文化、山西的晋商文化、南京的民国文化、瑞金的红色文化、郴州的福地文化、武夷山的茶文化等。不可忽视的是，临近区域难免具有共同的文化大类，这就要求通过文化整合，在"大同"中求"小异"，从而达到有效规避资源同构，谋求区域共赢。

（四）体育旅游资源整合的机制与模式

1. 体育旅游资源整合机制

（1）旅游资源的空间共生性是整合的内动力

体育旅游资源是存在于一定空间中的，而在其所在的一定地域范围内必然存在其他同类的体育旅游资源，也可能是异类的体育旅游资源。同类的旅游资源通常以竞争的形态存在，需要整合协调、错位发展，避免恶性竞争。异类旅游资源，往往存在差异性，在内容上是天然互补的，但通常风格不一，主题各异。鉴于此，就要求对异类旅游资源进行整合，挖掘区域特色，形成区域整体形象。由此可见，一定区域范围内，不同旅游资源之间有一种天然的空间共生性，既相互竞争，又相互依附，不可分割。这种天然共生性具有互补效应和整体效应，从客观上决定了进行旅游资源开发的过程中，必须有所取舍，协调整合，这样"整体大于部分之和"的优化效果才能得以实现。

（2）市场机制是旅游资源整合的外动力

市场效应是衡量旅游资源开发成功与否的重要指标，旅游者在旅游的过程中对旅游景区（点）的组合串联有一个自然的选择过程。旅行社推出的旅游产品（线路）会接受市场的检验，进而不断地拆分增减、重组各种旅游资源，以满足市场的需求。同时，随着自助游、自驾游等新兴旅游形态的兴起，网络上出现了很多"驴友"提供的自助游/自驾游攻略、游记贴士等内容丰富的旅游信息。这部分信息也在一定程度上将旅游者对旅游资源的个性化选择与整合反映出来，当相似的信息不断地累积到一定数量，就会转变成市场的需求动向。旅游资源开发管理者会研究这些瞬息万变的市场信息，然后做出调整，或者重组旅游资源，或者在原有资源基础上开发新资源融入其中。应该说，是市场需求引发了旅游资源开发主体的整合行为，这对旅游资源整合的路径和方向产生一定的决定性影响。

（3）政府规制是整合的主导力

从理论上讲，市场是资源配置的最佳手段，但是市场所产生的作用是有限的，单纯靠市场来进行旅游资源的配置是行不通的。旅游资源整合还应注重政府的领导作用。可以说，实行政府主导，不仅是理性的，而且是必要的和迫切的。

具体来说，政府首先要对区域旅游资源整合重要性有所了解和认识，并且合理界定并发挥主导作用的范围和方式。换句话说，就是要求政府在突出企业主导的基础上，建立政府主导和企业主导的协调平衡机制。

2. 体育旅游资源整合模式

体育旅游资源整合的模式主要有以下两个方面：

（1）旅游资源整合主体的组织模式

实际上，旅游资源的整合就是旅游产业主体的经济活动在区域空间上的表现，是利益相关者基于自身利益并达成共识后共同参与的一种经济活动。

由于旅游资源的区域性特征，以及其管理主体和经营主体的不同，使得在整合过程中往往涉及多个利益主体的多回合博弈，因此，这就要求体育旅游资源的整合必须有一个健全、合理、高效的组织机构或组织形态作为保证，这样才有可能取得整合的预期效果。目前，我国体育旅游资源整合主体的组织模式主要有临时联盟、契约合作、企业集团等。

（2）旅游资源整合的空间模式

旅游资源整合的结果一定会在一定的外在空间形态上得到体现。各个区域在旅游资源开发的初始阶段，资源要素分布、交通设施条件、区域政策、发展阶段等因素方面存在着一定的差异性，往往呈现出离散的特点。由于这种离散状态并不是最优的，因此在旅游资源空间共生性、市场机制政府规制等驱动力下必然会发生旅游资源的整合优化。

用系统和发展的眼光看，整合空间形态一般呈现出递进的特点，遵循"点轴状—圈层状—网络状"的演变规律。[①] 通过认识不同阶段与不同条件下的旅游资源空间形态，对其采取针对性措施，优化整合效果是非常显著的。

一般来说，旅游资源整合的空间模式有很多种，其中较为主要的有点轴状空间模式、圈层结构空间模式、梯度网络空间模式这三种。

第三节 体育旅游资源的管理与可持续发展

体育旅游资源是体育旅游发展的重要前提。只有开发和挖掘出一定的旅游资

---

① 吴国清. 旅游资源开发与管理 [M]. 上海：上海人民出版社，2010.

源，体育旅游才能在此基础上进行进一步的整合、管理，才能够在不断开发、整合、管理的过程中得到可持续发展。体育旅游资源的管理和可持续发展是在体育旅游资源的开发和整合基础上进行的，这也是其最终目的所在。本节首先对体育旅游资源管理和可持续发展的基本理论进行阐述，在此基础上，重点对体育旅游资源管理的实施和可持续发展进行剖析和研究，由此，能够对体育旅游资源有更进一步的理解和掌握，对后面我国体育旅游的不同类型发展起到积极的指导作用。

一、体育旅游资源管理与可持续发展的理论基础

（一）体育旅游资源管理的基础理论

1. 体育旅游资源管理的含义解析

要对体育旅游资源管理的含义进行解析，首先要了解体育管理，具体来说，就是具有一定的管理权力的组织和个人，科学、系统地计划、组织、协调、控制、监督体育系统的相关要素。其主要涉及人、财、物、时间和信息等方面的过程。

由此，将体育管理与体育旅游资源结合起来，就能引申出体育旅游资源管理的含义，具体来说，就是体育旅游资源相关的管理组织或个人，科学、系统地计划、组织、协调、控制、监督体育旅游系统的各个要素的过程。

体育旅游资源本身就具有显著的复杂性，因此，在进行这方面的管理时，就需要做多方面的工作，从而保证管理的全面性。在管理其内容的各个子系统进行时，一定要与体育旅游资源管理的总目标结合起来，并且两者是一致的。在对各子系统进行管理时，要积极努力，从而积极促进体育管理总系统目标的达成。

2. 体育旅游资源管理的基本要素

体育旅游资源管理的要素主要有两个方面：一是管理对象，二是管理手段。

（1）管理对象

体育旅游资源管理对象是指管理活动的承受者，具体来说，就是指人、财、物、时间和信息。

①人

人是参与活动的主体，对于体育旅游资源管理来说，亦是如此。体育旅游资源管理的操作者就是人，离开了人，体育旅游资源管理活动就无法进行。因此，

可以认为人是体育管理系统中最重要、最核心的因素。

具体来说，在体育旅游资源管理活动中，"人"实际上指的是体育旅游工作的操作者。人的重要性不仅体现在体育旅游资源管理组织机构组成和执行上，还体现在具体实施中的目标和计划的制订上。

②财

资金的支持，是事物发展的一个重要助推力，甚至有的事物缺乏了资金的支持是会制约甚至阻碍其发展的。这在体育旅游资源管理中也同样适用。可以说，财力是体育旅游事业顺利发展的重要物质基础和保证，同时也是体育事业创造良好经济价值、政治价值、精神价值和社会价值的重要保证。这里所说的"财"，就是指体育旅游资源管理经费，这就要求在体育旅游资源管理活动中，一定要对经费进行科学管理，合理规划和使用有限的经费，尽可能达到最佳的发展体育旅游的效果。

③物

必要的客观物质基础，是事物发展的重要前提条件，这对于体育旅游事业的发展也是如此。体育旅游中，需要管理的"物"主要是指体育设施、体育器械、体育仪器、体育服装等。体育旅游资源中对"物"的管理，能使物的使用率得到有效提升，从而积极推动体育旅游事业的发展。

④时间和信息

时间和信息是体育旅游资源管理中非常重要的组成部分，并会影响到体育旅游事业的快速、稳定、可持续发展。在管理时间时，要尽可能在短时间内办更多的事情，提高单位时间的办事效率；而在管理信息时，则要尽可能多地去搜集和整理信息，从而为管理工作提供相应的依据。

（2）管理手段

管理手段是管理者为实现体育旅游资源管理的目标而采取的方法和措施的总称。可以说，体育旅游资源管理活动的进行，是需要依赖这些方法和措施才能得以实现的。具体来说常用的主要有法规手段、行政手段、经济手段、宣传教育手段等。

3. 体育旅游资源管理的基本原理

体育旅游资源的管理，是具有一定的理论基础的，其与体育旅游管理是一致的，基本原理主要有以下六个方面：

（1）系统原理

系统原理可以理解为，通过系统理论的运用，来对管理对象进行细致、系统的分析，以此来使现代科学管理的优化目标得以顺利实现。

系统原理是以整体效应为依据而形成的。具体表现在两个方面：一方面，能产生放大功能，即产生"1+1＞2"的效果，换言之，就是各要素在孤立状态之和是没有系统的整体功能之和大的；另一方面，整体功能的放大程度与系统的规模成正比，系统越大、结构越复杂，那么其就会有越大的功能。

在系统原理的指导下，对体育旅游资源加以管理时，需要遵循的原则主要有三个方面，即"整—分—合"原则、优化组合原则、相对封闭原则。

（2）动态原理

对动态原理的理解主要为，在管理活动中，需要对管理对象的具体情况进行及时且准确地把握，并根据实际情况来适当调整各个环节。这里要强调的是，管理目标的实现需要经过一个漫长的过程，在这一过程中，包括人、财、物、时间和信息等在内的管理对象是不断发展和变化的，受此影响，计划、组织、控制、协调等各个环节也必须相应地进行变化，这样才能使管理目标的顺利实现得到保证。

在体育旅游资源管理过程中应用动态原理，需要遵循两个原则：一个是弹性原则，具体来说，就是在管理过程中必须留有一定余地，从而使其具有一定弹性，不会太过死板和僵硬，这样就能与客观事物可能出现的各种变化相适应，从而使管理活动的正常进行得到保证；另一个是信息反馈原则，具体来说，就是通过信息的反馈，对未来行为进行有效控制，从而达到行为不断逼近管理目标，这一个过程就是信息反馈原则。

（3）人本原理

在管理过程中，要通过各种方式和途径将人的积极性充分调动起来，做到以人为根本，这就是人本原理的基本要求。人在管理过程中，所扮演的角色，既是管理的主体，也是管理客体中最主要的因素。同时，在运用各项管理措施和管理手段时，要注意遵循的一个重要原则，就是必须能对人产生一定作用，这样才能将人在这方面的能动作用发挥出来，从而最终达到有效协调与其他管理要素关系的目的。

在体育旅游资源管理中应用人本原理，就是要在人本原理实践中体现"以人为本"的思想，对人性如何能得到最完善的发展的问题加以分析和研究。将人本原理应用于体育旅游资源管理中，需要遵循行为原则、动力原则、能级对应原则。

（4）效益原理

企业在管理过程中，往往都是以效益为中心的，而这里所说的效益主要包含社会效益和经济效益两个方面，通过科学地使用人力、物力、财力等方面的资源将最大的效益创造出来。

从现代管理的角度来说，企业管理将创造最佳的社会经济效益作为主要目的，而效益原理的实质在于，不管什么样的管理，其目标都是取得一定的效益。因此，这一原理在体育旅游管理的全过程中都有所体现。

管理的根本目的就是效益，也就是说，管理就是对效益的不断追求。通过进一步分析，可以将管理的效益解析为以下五个方面：

第一，在效益的追求中应该追求长期稳定的高效益。

第二，追求局部效益与全局效益协调一致。

第三，要确定管理活动的效益观，即要以提高效益为核心。

第四，在实际工作中，管理效益的直接形态是通过经济效益而得到表现的。

第五，管理效益的影响因素很多，其中具有相当重要作用的是主体管理思想正确与否。

（5）责任原理

责任原理的主要目的有两个方面：一是组织目标的实现，二是人的潜能的挖掘。在合理分工的基础上，将各个部门及个人必须完成的工作任务和必须承担的责任明确下来。

要强调的是，在体育旅游资源管理过程中，一定要对责任原理有深入且充分的理解和认识，并对其进行有效应用。具体来说，就是要在管理过程中做到职责明确、授权合理、奖惩分明和管理规范的要求。

（6）竞争原理

在管理过程中应促进人与人之间的良性竞争，通过竞争来激发人们的工作热情和人的进取精神。另外，通过竞争，对人的潜能挖掘、能力提升有推进作用。

在体育旅游资源管理过程中应用竞争原理时，为了保证应用效果，需要注意以下三个问题：

第一，竞争的主要目的在于增进交流、互相提高。竞争过程中的互相交流和互相提高，是竞争原理强调的重点所在。

第二，避免投机取巧、不正之风的出现。在体育旅游资源管理过程中，不管在哪个环节，都必须严格要求按章办事、依法办事，做到既不姑息又不失准，使其公信度得到保证。

第三，评价或制裁过程中一定要严格遵循公平、公正的原则。可以说，评价或制裁制度本身就是一项管理制度，在竞争过程中，对工作人员的表现进行客观、有效评价，能更好地对其产生激励作用。

（二）体育旅游资源可持续发展的基础理论

1. 体育旅游资源可持续发展的含义解析

当前，体育旅游已经成为社会发展中的一个亮眼点，这是社会发展的结果，同时也是满足社会需求的一个重要突破口。从某种意义上来说，体育旅游的发展对经济发展有积极的推动作用。

1990年，在"全球可持续发展大会"上，旅游可持续发展行动战略草案被提出，可持续旅游的基本理论框架被构建起来。

1995年可持续旅游发展世界会议上通过了《可持续旅游发展宪章》和《可持续旅游发展行动计划》。

1996年世界旅游组织（WTO）、世界旅游理事会（WTTC）与地球理事会（EARTH COUNCIL）制定了《实现环境可持续发展的旅游业21世纪议程》，其中就提到了旅游可持续发展的内容：在保护和增强未来机会的同时满足现时旅游者和旅游目的地的现实需要。

关于旅游可持续发展的概念，世界旅游组织在《旅游业可持续发展——地方规划指南》中将其界定为：在维持文化完整、保护生态环境的同时，满足人们对于经济、社会和审美的要求。

2. 体育旅游资源可持续发展的基本原则

体育旅游资源可持续发展，不仅要保持其良好的生命力，还要尽可能使人们在可持续发展方面的各种需求也都能得到有效满足。

（1）公平性原则

公平性原则在很多方面都有所体现，可以大致归纳为以下三个方面：

①体育旅游资源分配方面的公平性

体育旅游资源的存在并不是笼统的，而是需要在特定的区域内有所区别地存在的。地方具有法律允许的开发相应旅游资源的权利，但是同时，也要履行不使开发活动危害其他人与地区环境的义务。

②原住地居民方面的公平性

在对体育旅游资源进行开发和挖掘时，也要适当地为原住地居民提供生存与发展的机会，这样在使其享受到旅游资源开发利益的同时，也做好体育旅游资源的开发工作。除此之外，还要注意将原住地居民把发展纳入景区的持续经营发展之中，在发展机会公平的前提下，一定要公平地将责任、义务承担起来。

③代际方面的公平性

在进行体育旅游资源的开发时，不能只关注眼前利益，更要考虑长远利益，更不能剥夺后代人公平利用自然资源的权利。在体育旅游资源管理过程中，一定要妥善处理现代利益与继任者利益之间的冲突，用发展的眼光，将其长远的发展作为关注的重点。

（2）持续性原则

发展是要遵循可持续原则的，体育旅游发展所遵循的持续性原则，主要是指旅游资源开发和旅游业的发展要控制在生态系统的承载力范围内，以满足本代人的需求，而掠夺性地开发旅游资源的行为与持续性发展是相悖的，是不允许的。

从旅游可持续发展理论的角度来说，其把人类赖以生存的地球看成一个自然、社会、经济、文化诸多因子构成的复合系统，提出了人与自然和谐相处的主张。

要保证体育旅游资源管理的持续性，需要从两个方面着手：

一方面，体育旅游资源的可持续发展，必须对旅游在区域发展中的功能作用以及与相关子系统功能匹配这一要素加以考量。主要是超越客观条件的超前发展和人为限制旅游业发展的做法，不管具体是什么样的形式和内容，都会严重阻碍体育旅游资源可持续发展，因此是一定要严禁的。

另一方面，要先对体育旅游资源的不同类别与属性差别加以了解和掌握，然后遵循针对性原则，协调资源开发、保护与人类旅游需求的关系，科学、合理地规划、开发与保护好珍贵的旅游资源，从而将其应有价值更加深入地挖掘出来，并尽可能地延长其使用寿命，对体育旅游资源的可持续利用起到促进作用。

（3）协调性原则

在旅游业发展过程中，旅游业与经济社会发展水平之间的关系也是需要考量的。除此之外，也不能忽略生态环境对旅游业发展规模、档次的承载能力。

旅游资源的市场、等级和结构等情况也会对体育旅游资源发展产生影响，要进行深入分析和考量，从而积极促进体育旅游资源的健康、协调、可持续发展。生态、经济与社会的协调发展是可持续发展的前提，没有协调发展，体育旅游资源的可持续发展就不可能实现。

（4）共同性原则

旅游可持续发展的共同性，对人们提出了较高的要求。具体来说，就是在实现旅游可持续发展这一总目标时，一定要采取全球共同的联合行动。

大部分的资源和环境问题都具有全球性或区域性的特点。因此，只有将巩固的国际秩序和合作关系建立起来，全球的可持续发展这一目标才有可能实现。而这一目标的实现，是需要在建立普遍的合作关系的基础上才能进行的。这就要求在旅游业的可持续发展过程中，应果断摒弃狭隘的区域观念，同时，进一步加强国家间的交流与合作，用现代化的旅游发展技术、信息与现代管理手段，早日实现全球旅游业的繁荣和发展。

二、体育旅游资源管理的实施

（一）体育旅游资源的产权管理

1. 体育旅游资源产权概述

（1）产权

在理解体育旅游资源产权之前，首先要对产权有所了解。从经济学的角度上，可以将产权的概念界定为：物的存在及其使用所引起的人们之间相互认可的行为关系，并不是人与物之间的关系。

产权从某种程度上将人与相对应的物的行为规范确定了下来，对于所有人来说，都必须遵守相互之间的关系。由此得知人与人之间的经济权利义务关系，确定了人相对于某一资源使用时的地位的经济和社会关系，就是产权。产权具有独特的属性，主要表现为排他性、有限性、可交易性等。

(2) 体育旅游资源产权

通过对产权的理解，可以将体育旅游资源产权定义为：体育旅游资源在开发、管理、利用、保护等过程中，调节地区与部门之间以及法人、集团和国家之间使用旅游资源行为的一套规范的规则。

通过进一步的分析，可以对体育旅游资源产权的内容有更深入的了解。

第一，从狭义上来说，即具有所有权，是指旅游资源的终极性以及归属性特点。

第二，具有使用权，其主要包括两方面：一个是消费性使用；另一个是生产性使用。

第三，具有管理权，其对如何使用旅游资源的权利起到重要的决定性影响。

除产权的一般属性之外，体育旅游资源产权还有其自身特有的属性，比如社会公益性、外部性、内生性等。

2. 体育旅游资源产权管理相关理论

一般来说，与体育旅游资源产权管理相关的理论主要有以下三个方面：

(1) 公地悲剧理论

公地悲剧理论的主要观点为，当很多人对于一项共同的资源都有一定的使用权时，就会存在过度使用资源的激励，人人都有这种倾向，则人人都享受不到共同资源的好处。一般来说，可以将公地悲剧理论的论证和解释归纳为三个方面：牧场模型、集体行动逻辑模型和囚徒困境博弈模型（表2-3-1）。

用公地悲剧理论来对体育旅游资源经营权问题进行解释，需要强调的是，在资源开发和管理过程中，个人的理性选择造成了集体选择的非理性，使得资源的恶化和非持续发展，从而揭示出了集体利益受损的情况。

表2-3-1 公地悲剧理论研究总结

理论模型	主要研究者	主要结论
牧场模型	哈丁	界定不清的模糊产权引起的最严重的激励问题，当许多人都有使用一项共同的资源的权力时，就存在过度使用这项资源的激励

续表

理论模型	主要研究者	主要结论
集体行动逻辑模型	奥尔森	提出理性的、寻求自身利益的个人将不会为实现他们共同的群体利益而采取行动
囚徒困境博弈模型	道斯	每个定居者都会根据个人利益最大化选择背叛策略,可得到的均衡结果却是较差的

（2）外部性理论

经济学家对外部性理论的理解为,在生产和消费活动中,消费者和生产者的具体消费活动产生的各种利益和损害并不是消费者和生产者个人所获得或承担的,其将会对外部环境产生一定影响。

如果某项事物或活动对周围事物造成良好影响,同时还会使周围的人从中获益,但是行为人并未从周围取得额外的收益,这就是外部经济性。而外部不经济性所指的是某项事物或活动对周围事物造成不良影响,而行为人并未为此付出任何补偿费。

政府在进行体育旅游资源管理时,首先要做的是细致分析其外部经济性和不经济性,对其进行全面的协调管理。如果不能对经营所造成的外部不良影响进行控制,就会对整个社会造成不良影响。因此,有必要构建避免由经营造成的外部不经济性行为的约束机制。

（3）公共选择理论

公共选择理论的主要观点是,政府的行为具有显著的强制性特点,但是并不是任意和非理性的,其强制性权利来自公共选择的结果,是人们为增进社会和经济福利需要而做出的选择。

政府对经营管理进行干预往往会借助于一定的方式,具体如下:

第一,直接行动。政府通过这种方式,能够将相应的企业建立起来,然后进行相应的生产活动,也可以从私营部门来将相应的产品购买进来。

第二,间接管理。政府借助于这种方式将经营权下放到相应部门。

第三,行政命令。政府通过这种方式来要求私人部门采取政府希望的行动。

第四,综合运用以上各种手段。

3.体育旅游资源产权管理的路径

在进行体育旅游资源产权管理时，需要选用相应的路径来进行，具体可从以下三个方面着手：

（1）完善法律体系，采用一元化的垂直领导方式

在体育旅游资源的管理过程中，完善的立法是各种旅游资源管理模式取得相应成效的重要基础；与此同时，采用一元化的领导管理方式能够进一步独立出管理权限，如此一来，就能使领导管理在权威性的基础上实现权限与责任和谐统一。

（2）管理权与经营权分离

政府将体育旅游资源的经营权限和管理权限分离开来，这一做法的好处在于能更合理地利用各种体育旅游资源，并有效提升体育旅游资源的管理水平。而且，这样做还能使体育旅游资源的经营部门在自身文化开发上专注力增强，不断提高经营的科学化程度，有效促进服务水平的增加。除此之外，政府通过采用授权运作的形式，能够在一定程度上为游客提供便利，使体育旅游资源的利用效率得到有效提升。

（3）政府资金支持的力度要进一步加大

增加对相应部门的资金支持，降低相应的门票和价格，由此来促进体育旅游资源社会福利性的发展。需要强调的是，采用这一策略时，必须具有雄厚的经济实力。

（二）体育旅游资源的信息管理

1.体育旅游资源信息管理概述

（1）信息

信息有广义和狭义之分。这里所说的信息是指广义上的信息，具体来说，是指人类社会传播的一切内容。它对客观存在的事物的状态和特征进行描述，从而使人们对事物的存在方式和运动状态有更好的了解。

（2）信息管理

在体育旅游资源的管理过程中，信息管理只是其中的一个方面。体育旅游资源包含着丰富的信息内容，比如，自身的各种信息，以及交通、娱乐、住宿等方面的信息。

体育旅游资源的信息是数量众多且种类繁多的，并且其信息的传播对象也具

有显著的多样化特点，鉴于此，其所涉及的范畴比较广泛，可以说，与体育旅游相关服务人员以及形形色色的游客都属于这一范畴。

与其他类型的资源信息相比较而言，体育旅游资源信息本身所具有的显著特点主要表现在海量性、不易传播性、综合性和层次性等方面。

体育旅游资源信息管理，某种意义上是对各种信息进行开发、规划、控制、集成、利用的一种战略管理。通过信息的管理，能够使管理者、经营者和消费者三方面对体育旅游资源信息的各方面需求得以顺利实现。

2. 体育旅游资源信息管理系统

（1）体育旅游资源信息管理系统的含义解析

体育旅游资源的信息管理系统有着非常重要的功能，主要表现为对旅游资源及相关信息进行采集、储存、管理、分析、模拟和显示，为人们掌握旅游信息、进行决策和开展各种服务活动提供便利。但是，这些功能的实现是需要建立在由各种地图、文字、图像等信息构成的数据库的基础上的。

从某种意义上来说，体育旅游资源信息管理系统是隶属于管理类信息系统的，其与传统的信息管理系统之间存在着较大差别。与一般的信息系统对比来说，体育旅游资源的信息管理系统对数据的处理具有空间特征，利用地理信息系统的各种功能实现对具有空间特征的要素处理分析，如此一来，就能有效达到管理区域系统的目的。

（2）体育旅游资源信息管理系统的结构与内容

体育旅游资源信息管理系统的总体框架结构主要分为系统层、数据层和用户层三个方面，其都包含各自的具体内容。

①系统层及其内容

系统层硬件方面：需根据系统要求选择配置较高、硬盘容量较大的电脑，此外还需配置数字化仪、扫描仪、打印机、数字通信传输设备等辅助设备。

系统层软件方面：主要包括计算机操作软件、数据库软件、应用软件和网络软件。

②数据层及其内容

A. 数据库结构

在体育旅游信息资源管理系统中，数据库是处于核心位置的，它的存在能够有效保证系统的各项功能的实现，而数据库的科学性和合理性则对工作效率会产生较大影响。数据库建设应注重提高信息查询和处理系统的效率。数据库通常可以分为两种类型：一种是空间数据库，另一种是属性数据库。

B. 功能模块结构

旅游资源的信息管理系统的构成模块有很多，其中，用户管理模块、数据管理模块、数据录入模块等都属于该范畴，并且其都包含各自具体的内容。

③用户层及其内容

旅游资源信息管理系统面对的终端用户主要有旅游者、政府和旅游企业。对于旅游者而言，他们需要对旅游目的地旅游资源的详细情况进行全方位且真实的了解，这样才能将最佳的旅游线路制订出来；对于政府和旅游企业而言，需要准确的旅游资源统计、分析、预测信息，如此一来，才能为深层次的旅游开发、旅游管理提供决策依据。

3. 体育旅游资源信息管理系统的应用

关于体育旅游资源信息管理系统的应用，可以大致分为以下三种情况：

（1）应用于旅游资源的普查、评价工作中

体育旅游信息管理系统在相应的普查和评价工作中得到广泛应用。在管理过程中，通过先进的现代化手段替代手工劳动，收集、整理、整合、分析相应的体育旅游信息，提高办事的效率，从而使体育旅游资源信息的利用得到有效保证。

（2）应用于有关部门对旅游业的管理、监控工作中

通过体育旅游资源的信息管理系统的应用，能够对体育旅游资源的利用状况进行动态监控，并对其进行科学的评价，从而为相应的管理部门制定决策提供相应的依据。

（3）实现旅游资源信息共享

体育旅游资源信息为多个相关部门提供其所需要的相关数据和资料，这主要包括政府开发规划部门，以及各学校、科研机构等，这对于体育旅游资源研究来说，有着重要的依据和支持作用。与此同时，还能为旅行社以及旅游业相关部门甚至旅游者提供各种信息，从而使体育旅游资源信息共享得以实现，积极促进体育旅游业的全面发展。

（三）体育旅游资源的质量管理

1. 体育旅游资源质量管理概述

（1）质量

质量是质量管理工作中最基本也是最重要的概念之一。从另一个角度说，也可以将质量理解为其在使用过程中顾客的满足程度。

（2）质量管理

质量管理与科学技术、生产力发展水平是密切联系的。一般可以将质量管理的发展过程大致分为产品质量检验阶段、统计质量管理阶段和全面质量管理阶段。

质量管理是"指挥和控制组织与质量有关的彼此协调的活动"。质量管理所包含的活动内容主要有以下五个方面：

第一，制定质量方针。

第二，制定质量目标。

第三，制定质量策划。

第四，进行质量控制。

第五，质量保证和改进。

（3）体育旅游资源质量

"旅游资源个体或组合体固有特性满足需要的程度"，就是体育旅游资源质量。体育旅游资源质量与一般意义的工业产品质量之间是有所差别的。具体来说，体育旅游资源在生产过程中是不需要经过化学、物理作用发生形态、结构和功能改变的，只要适当改变其外部条件就可以供旅游者进行游览并进行质量评价。

旅游资源质量主要由三个要素组成，即旅游资源类型、特色结构规模和价值功能，具体可以分解为诸如完整度、审美度、奇特度、价值度、组合度、规模度等。

（4）体育旅游资源质量管理

作为旅游质量管理的核心，旅游资源质量管理的内容主要有对旅游资源的保护和开发利用等，其中对旅游资源的质量要素、质量特性和质量等级，以及对旅游资源开发利用的过程（或程序）分析等，都将系统工程的复杂性体现了出来。而且，旅游资源管理要突破旅游资源这一局限性，要从更加广阔的角度来对旅游环境加以考虑。

2. 体育旅游资源标准质量管理

（1）标准

标准是对重复性事物与概念所做的统一规定，要综合考虑科学、技术和实践经验等各方面因素。

（2）体育旅游资源标准

体育旅游资源的开发、服务等方面标准的建立，主要目的在于积极促进体育旅游业的健康发展。为了更加深入直观地理解体育旅游资源的开发服务，可以将整个旅游资源从开发到服务的过程分为四个阶段：旅游资源及其环境与开发条件的调查、旅游区规划、旅游产品开发和旅游景区运营。这几个阶段之间并不是独立的，而是相互衔接的。

为了旅游资源的有效保护和开发效益最大化，在建立各阶段的工作标准的基础上，还需要将各阶段的管理标准建立起来。目前，我国在这方面的国家标准有很多种，都进行了相应的说明。

3. 体育旅游资源全面质量管理

关于体育旅游资源的全面质量管理，所涉及的内容主要有以下三个方面：

（1）质量规划

体育旅游资源质量规划隶属于旅游总体规划，能够为旅游业发展提供重要的导向作用。旅游资源开发和利用是在旅游规划的基础上进行的，质量规划则会直接影响到产品和服务的质量。

在规划旅游质量时，要积极借助先进的技术手段，对体育旅游资源进行监管和控制，根据其不断发展变化来积极修编旅游资源与环境的规划，实现旅游资源的动态管理。体育旅游资源管理组织一定要对旅游规划加以重视，并以此为起点，形成质量的持续改进。

（2）质量管理

为了实现对质量的科学管理，要将相应的质量管理责任制建立起来并不断完善，从而充分发挥出组织管理的应有功效。旅游资源的管理组织结构具有显著的复杂性特点，要将各部门和员工的责任和权限作出明确规定，这样才能使其管理的科学性得到保证。在管理过程中，应做到人人有专责，并完善对于工作的检查、监督体制。

具体来说，在进行体育旅游资源的质量管理时，要从不同层面出发，采取相应的管理措施。

第一，从社会层面来说，有关新闻机构、社会公益组织需要通过宣传教育活动，使公民提升自身保护环境和文明旅游的意识，从而使他们养成自觉保护旅游资源与旅游环境的良好习惯。

第二，从行业管理层面来说，有关行业协会组织和国家业务主管部门要通过各种方式和手段，制定相应的管理措施，来积极推动旅游资源的标准化管理，而政府特别是地方政府要注意因地制宜形成旅游资源管理政策。

第三，从景区管理层面来说，要以国家的相应政策、法规行业标准等为依据，有效推进制度化管理的实施。

（3）质量保障

在体育旅游资源质量管理过程中，旅游资源的立法、执法与司法保护，能够为其质量管理提供必要的保障。

具体而言，我国在这方面的法律法规主要包括以下九个方面：

一是旅游环境管理法规。

二是文物资源管理法规与历史文化名城管理法规。

三是爱国主义教育基地和革命烈士纪念地（物）管理法规。

四是宗教活动场所管理法规。

五是风景名胜区管理法规。

六是森林和草原管理法规。

七是自然保护区管理法规。

八是动植物资源管理法规。

九是旅游度假区游乐园（场）管理法规。

三、体育旅游资源的可持续发展策略

（一）完善体育旅游管理相关法律法规

一方面，不同地区政府相关部门可以参考旅游业发达地区制定的体育旅游相关法律法规，结合区域实际制定相关制度；另一方面，不同地区的政府相关部门要履行各自职责，避免相互推诿、多头管理等现象出现，从而保障制度能够落实、落地。

（二）持续加强体育旅游基础设施建设

不同区域政府部门要在结合区域现有旅游基础设施条件的基础上，加大政策支持力度，从公益性角度强化体育旅游基础设施建设，还可以通过招商引资的方式，或者政企合作等，引进社会资金投资体育旅游基础设施建设，共同打造完善、科学的体育旅游基础设施体系。景区也可以通过对于市场走向的判断和国家政策的把握适当引进旅游项目，使自身发展更加科学合理、满足社会需求。

（三）多元化设置体育休闲娱乐项目

景区建设在整体开发规划设计过程中应保持当地山水人文特色，还可以在保护的基础上对当地独具特色的历史体育文化艺术项目进行全面调查研究和设计开发，从而取得良好的生态效益、社会效益、经济效益。景区开发还可以结合实际，因地制宜组织开展各类特色浓厚、丰富多彩的群众体育活动或各式各样的民族体育活动，结合旅游资源实际全面宣传展现体育文化，或者是邀请少数民族游客组团报名参加民族体育运动，使游客在娱乐休闲的同时亲身感受中华民族体育文化。

（四）加快培养教育和引进专业人才

为解决体育旅游专业人才短缺等问题，可选择在相关院校与专业中增开体育旅游专业或单独增设体育旅游管理相关课程。旅游相关企业也可以考虑与当地体育相关部门合作，或者与旅游有关部门等联合开办各类培训班，培训实用型的体育旅游资源开发专业人才、生产经营服务人才等。此外，还可以加强体育娱乐与休闲健身、旅游安全意识宣传教育，加速挖掘培养复合型人才，提高体育旅游的"软件"质量。

（五）加大体育旅游投入力度

遵循体育旅游与经济融合发展的规律，多渠道、多形式地有效引导并持续加大投入力度，加快推动经济由以往大投入带动小产出向小投入拉动大产出发展阶段转变，大力提高发展体育和旅游两产业中的投入产出水平。景区还可积极完善、优化现有体育休闲娱乐活动及相关基础配套设施建设，加大旅游开发的招商引资合作力度，坚持旅游对内和对外开放双向结合，内资外资开发并举，做到"项目要成熟、政策要到位、环境要优化"。

（六）充分发挥全媒体宣传作用

景区应重点注意、充分挖掘与发挥现有的各种广播、电视、报刊、新闻媒体网络和其他重要媒体等有效媒介的宣传辐射带动作用，利用特色体育旅游资源优势，打造一些优势项目，以新闻短视频、访谈、专题报道等形式融入景区内其他吸引观众的各种宣传渠道等，形成多样且有效的旅游宣传形式，全面、详细地宣传体育旅游活动，吸引广大游客的注意力，使游客产生亲自参与、体验各类体育休闲娱乐和文化娱乐活动中的兴趣。通过整合各类媒体资源强化宣传，让社会民众先真正了解体育旅游景区、向往体育旅游景区，最后参与体育旅游活动，这对于体育旅游的可持续发展是十分有益的。

第三章 我国体育旅游产业的集群化发展

伴随着全球一体化的进行，世界上各个国家及地区之间的联系日益紧密，在这样的背景下加强各个地区以及各行业之间的沟通与发展就显得非常重要。目前，集群化发展已成为各行业发展的大势所趋，对于体育旅游产业也是如此。以一定的产业集群理论为指导，努力促进我国体育旅游产业的集群化发展，不断提升我国体育旅游产业的竞争力是当前值得我们深入探讨的问题。本章主要介绍了体育旅游产业集群的理论与构建、体育旅游产业集群的发展现状、体育旅游产业集群的未来发展趋势。

第一节 体育旅游产业集群的理论与构建

一、体育旅游产业集群理论

（一）分工理论

产业集群可以说是一种产业组织形式，其形成和发展具有一定理论基础和渊源。产业集群的核心在于分工与协作，通过各产业部门之间的分工与协作，能极大地提升产品生产的效率，实现各方共赢的目的。如今产业集群理论在各行业部门都得到了广泛利用，在体育产业发展的过程中，这一理论也得到了一定程度的利用。

产业集群理论的内容非常丰富，经过一段时期的发展，已形成了一个比较完善的理论体系，亚当·斯密（Adam Smith）的分工理论就是这一理论体系的重要内容。亚当·斯密曾经指出，经济水平如何对于一个国家及社会的发展具有非常重要的意义，经济发展的主要表现是生产效率的提升，只有生产效率得到提升了，社会经济才有可能获得发展。而要想实现生产效率提升的目标，各类企业必须求同存异，克服各种困难，加强彼此间的交流与合作，在合作中获得理想的经济效益或社会效益。[①]可以说，分工理论为产业集群中主体即企业组织优化分工协作体系作出了理论上的阐释，为体育旅游产业的协同发展研究奠定了良好的科学理论基础。

（二）增长极理论

在现代区域经济学的发展中，增长极理论起到了至关重要的作用。1950年，法国经济学家弗朗索瓦·佩鲁（François Perroux）提出了增长极理论，之后布代维尔（Boudeville）、米尔顿·弗里德曼（Milton Friedman）等专家又进一步丰富与完善了这一理论体系。

增长极理论认为，区域经济是由从事某项经济活动的若干企业或联系紧密的某几项经济活动集中于同一区位而产生的。某一专业化生产的多个生产部门集中在某一区域，可以形成较大的原材料等生产资料的市场需求和所生产产品的市场供给，在这一过程中可以产生出规模经济以及外部经济，同时也产生出乘数效应、极化效应、扩散效应。依据增长极理论，由于产业集群本身就具有多重经济效应，它可以作为区域经济发展的极核。因此政府相关部门可以采取自上而下的方式来促进产业集群的产生。体育产业集群正是在这一理论背景下产生与发展的，而体育旅游产业作为其中的重要组成部分也获得了相应的发展。

（三）新空间经济理论

新空间经济理论认为，由于某些偶然的因素，社会上出现区域专业化生产的现象，在产生这一生产形式后，随着社会的不断发展，该产业规模不断扩大，同时会产生较大的规模效益，从而形成外部规模经济作用下的一种自强化效应，并形成路径依赖，因此产业集群形成并发展，这就是新空间经济理论。这一理论是体育旅游产业集群理论的重要基础。

（四）外部经济理论

阿尔弗雷德·马歇尔（Alfred Marshall）提出了著名的外部经济理论。他通过多年来对产业经济的研究，指出产业集群主要是由市场机制的资源配置作用而

[①] 刘跃东. 我国体育旅游产业协同管理与科学发展研究[M]. 北京：中国书籍出版社，2020：134.

自发组织形成，市场机制的资源配置作用将会促使产业集群内的企业共同享有产业集群区域范围内的专门化劳动力市场、专业化生产投入品、生产所需的技术与服务以及生产技术知识溢出，从而形成外部经济。[①] 在这样的情况下，既提升了集聚在产业集群内的企业生产函数，又使之优于单独存在的企业生产函数。

需要注意的是，集聚也会在一定程度上对体育产业的发展产生一定的负面影响，如激烈的竞争会使企业的生产成本上升、企业之间的过度竞争则会影响产品的利润率等。由此可见，产业集群所产生的外部经济与外部非经济往往是相伴出现的，外部非经济表现出明显的负面作用，极易使产业集群分裂，因此一定要做好外部经济与外部非经济之间的均衡发展。

（五）集聚经济理论

集聚经济理论是产业集群理论发展的重要基础，正是在这一理论的推动下，体育产业集群理论才得以快速发展。集聚经济理论对于体育旅游产业的发展具有重要的意义，在这一理论的引导下，体育旅游企业会引进专业化的技术设备，加强专业技能劳动力市场的建设，不断节省体育企业运营成本，这就促使了体育产业集群的产生与发展。

集聚经济理论的出现对于区域经济以及产业集群的建立与发展具有重要的意义。在体育旅游产业发展的过程中要以这一理论为基础，加强不同区域以及不同行业之间的关联，形成一个良好的体育旅游产业集群，集群内的各个体育旅游企业获得共同发展。

（六）新竞争优势理论

迈克尔·波特（Michael E.Porter）通过构建产业发展的"钻石模型"，提出了获得产业竞争优势的四个要素，这四个要素分别是生产环境，市场需求，相关产业、产业集群的战略与结构，竞争对手。另外，还重点分析了促进企业竞争力提升的两个变量因素，即政府和机会，深入研究了一个产业集群建立和形成的基础条件。[②] 以上种种要素相互影响、相互作用，从而产生推动产业集群发展的动力，在这样的情况下就产生了一定的产业集群。

[①] 刘跃东. 我国体育旅游产业协同管理与科学发展研究 [M]. 北京：中国书籍出版社，2020：136.
[②] 同①.

后来，波特对新竞争优势理论作了进一步的研究与说明，丰富与完善了新竞争优势理论的内容。随着时间的变化，这一理论体系更加完善，它也成为体育旅游产业集群发展的重要理论基础。

（七）社会网络理论

社会网络理论是在20世纪90年代兴起与发展的，这一理论主要由经济活动的社会嵌入理论、社会资本理论等分支理论构成。根据这一理论，社会各企业在进行交流与合作的过程中，受地域文化、社会资本等方面的影响，容易构建一个非正式契约的信任与合作关系，在这样的情况下，产业集群得以产生与发展。

大量的研究与事实表明，社会网络理论符合产业集群发展的内在规律，对中小企业集群的形成和发展具有重要的作用。例如，我国学者周五七曾经指出，中国很多的民营中小企业集群都是以家族血缘关系为基础而建立起来的，其发展主要是通过信任与合作机制进行。[1] 社会网络理论也是体育旅游产业集群形成与发展的重要理论基础。

二、体育旅游产业集群的构建

伴随着全球一体化以及区域经济一体化的进行，各个行业之间的沟通与交流也日益紧密，对于体育旅游产业而言也是如此。如今世界上各个国家都非常重视体育旅游产业的发展，将其作为国民经济的重要部门去发展。在区域经济一体化的今天，构建一个科学和完善的体育旅游产业集群具有重要的意义。

（一）旅游集群及体育旅游产业集群的概念

1. 旅游集群的概念

旅游集群是由有效的旅游供应链组织起来的一系列旅游活动和旅游服务，其目的是旅游目的地所有单位协同作用以便提高目的地的竞争力。[2]

2. 体育旅游产业集群的概念

由以上旅游集群的概念可以得知，体育旅游产业集群是聚集在一定地域空间

---

[1] 刘跃东. 我国体育旅游产业协同管理与科学发展研究 [M]. 北京：中国书籍出版社，2020：136.
[2] 李长柱，张大春. 体育产业集群与东北冰雪体育旅游产业集群建构的研究 [J]. 当代体育科技，2017，7（9）：183–184.

的体育旅游核心吸引物、体育旅游企业及体育旅游相关企业和部门，为了共同的目标，建立起紧密的联系，协同工作提高其竞争力的体育旅游活动或相关服务的集合体。

（二）体育旅游产业集群构建的对策

1. 制定合理的产业集群政策

一个国家及地区社会经济的发展在一定程度上依赖于国家制定的政策，可以说，政策是经济发展的重要保证，只有在良好的政策指导和保障下，社会经济才能得到健康持续地发展。对于体育旅游产业的发展而言也是如此，制定合理的产业集群政策对于提升体育旅游产业的竞争力，构建科学的产业集群具有重要的意义。一般情况下，制定的产业集群政策要与集群设施及服务保持紧密的联系。要制定相应的鼓励政策扶持产业集群内体育企业的发展，不断提升产业集群的创新能力，让集群内的体育企业保持竞争的活力。需要注意的是，体育产业集群政策的制定不仅要与实际情况相结合，还要与传统的产业政策区别开来，产业集群政策的制定不能只停留于表面，而是要深入产业集群内部，不断提升创新能力，采取科学的规划与措施。[①]

2. 充分利用政府职能

体育旅游产业集群的形成与发展离不开政府的宏观调控，政府在其发展过程中扮演着十分重要的角色。在体育产业集群建立和形成的过程中，政府职能要随着体育旅游产业的发展而不断做出调整和改变，要根据体育产业的发展特征及具体实际制定科学的规划和策略，为体育企业的发展营造一个良好的竞争环境，为体育企业创造良好的集群品牌、奠定良好的基础。另外，政府部门还要为体育企业创造一个良好的制度环境，这是体育产业集群建立、形成与发展的重要保障。政府必须严格遵循市场经济发展基本规律，与体育企业保持紧密的联系，为体育产业集群化发展提供良好的、多样化的服务。

3. 加强协作意识

在当前市场经济发展的背景下，各个行业之间的竞争越来越激烈，而处于体育旅游产业集群内的各类企业也会展开激烈的竞争，这是市场经济发展的必然结

[①] 李长柱，张大春.体育产业集群与东北冰雪体育旅游产业集群建构的研究[J].当代体育科技，2017，7（9）：183-184.

果。需要注意的是，这种竞争应该是有序的竞争、公平的竞争，而不是盲目的竞争，否则只会带来一定的损失，不利于产业集群的健康发展。在产业集群内的体育企业可以相互合作，降低企业的交易成本，为企业创造更大的经济利益，进而提升体育旅游企业的市场竞争力。

4. 加大智力支持

体育旅游产业集群要想获得可持续发展，除了加强彼此之间的合作，还要充分利用社会各方面的力量，如科研机构和高等院校等，为产业集群的发展提供一定的智力支持。这是体育旅游产业集群发展的重要保障和技术支持。体育旅游产业在发展的过程中需要科研机构提供一定的服务，这不是体育旅游企业自身所能解决的，而高等院校则能为体育产业集群内的体育旅游企业提供高素质的人才，这些宝贵的人力资源对于体育旅游产业集群的建设与发展具有重要的推动作用。除此之外，体育旅游产业集群还可以与体育产业部门合作，为体育产业集群内体育旅游经营与管理人才的培养以及各种咨询业务提供服务，这对于体育旅游产业集群的构建都具有重要作用。

5. 全面提升产业集群的竞争力

要想构建一个科学、完善的体育旅游产业集群，还需要不断提升产业集群的竞争力。根据波特竞争优势的钻石模型（图3-1-1），体育旅游产业集群竞争力取决于四个基本因素，即生产要素，需求状况，相关产业和辅助产业状况，企业策略、结构和竞争条件以及两个辅助因素，即政府和机遇。可以通过以上要素来构建具有影响力的体育旅游产业集群。

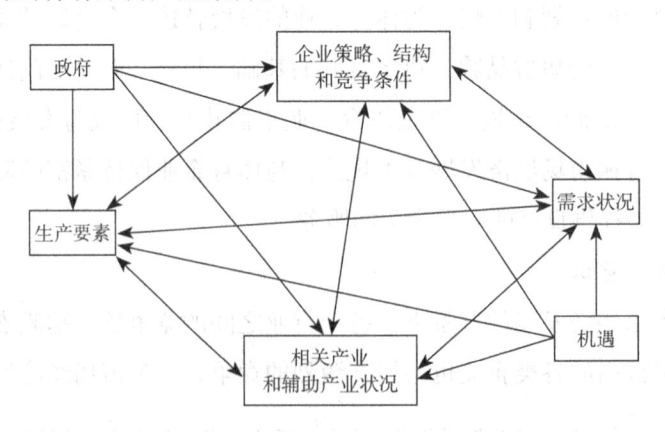

图 3-1-1 波特竞争优势的钻石模型

(1) 四个基本要素

①生产要素

在生产要素方面，为促进体育旅游产业集群的建设，必须充分发挥我国东、西部体育旅游资源各方面的条件优势，加强体育旅游产品的挖掘与开发，提升体育旅游的产品体验，吸引广大旅游爱好者参与其中。除此之外，体育旅游企业从业人员还要采取各种手段与措施培养或引进高素质的体育旅游人才，实施人才发展战略，从而推动体育旅游产业集群化发展。

②需求状况

在需求状况方面，体育旅游产业集群内的相关产业部门要充分考虑国际、国内市场的需求状况，设计与开发独具特色的体育旅游产品，为体育旅游爱好者提供多样化的服务，从而形成一个富有区域特色的体育旅游产品集合群。

③相关产业和辅助产业状况

在相关产业和辅助产业方面，要进一步推动与体育旅游产业相关产业的发展，如住宿、餐饮、运输等产业，这些产业的发展能为体育旅游产业的发展创造良好的条件和保障。另外，为促进体育旅游产业的发展，还可以促进其配套产业的发展，如体育旅游用品业、体育赛事旅游业等，加强这些产业部门的合作与交流，共同推动体育旅游产业集群的建设与发展。

④企业策略、结构和竞争条件

影响体育企业竞争的条件是多方面的，作为体育企业管理人员，一定要认真分析这些条件或因素，从而为体育旅游产业的发展创造良好的条件。这些条件或因素主要有经营能力、管理理念与方式、竞争战略规划、企业文化建设等。在体育旅游产业发展的过程中，要实现规模化的经营，加强人力资源的开发，推进科研创新，促进体育旅游产业集群的快速发展。

(2) 两个辅助要素

①政府

在政府方面，要充分利用各种政策优势，加强体育旅游产业的基础设施建设，同时还要做好生态环境保护工作，鼓励人民群众积极参与体育旅游消费。

②机遇

在机遇方面，要紧紧抓住举办奥运会、世博会、亚运会等赛会，形成开发与建设体育旅游产业集群的热潮。如2022年在北京和张家口举办的冬奥会就是一个良好的契机，各体育旅游企业抓住这一历史机遇，尤其是北京、张家口等体育企业形成巨大的合力，构建了一个完善的体育旅游产业集群，这对于我国体育旅游产业的发展具有重要意义。

6.采取多样化发展模式

（1）龙头带动型发展模式

当前，我国要想实现体育旅游产业的集群化发展，必须积极扶植和培养核心领导型企业，发挥其促进产业集群发展的作用。要实现这一目的，需要做好以下三个方面的工作。

①加强体育旅游企业间的合作

在体育旅游产业发展的今天，主要存在核心领导型企业与中小企业两种类型，要想实现这两种类型企业的共同发展，就需要加强二者之间的协作配合，先发展核心领导型企业，然后以其带动中小企业的发展，这样能有效降低体育旅游企业的成本，实现合作共赢。

②发挥知名品牌带动作用

在体育旅游产业发展的过程中，利用知名品牌带动其他体育产业的发展也是一个重要策略。这一策略主要是按照专业化分工合作的基本要求，采用各种手段与措施，把中小型企业吸收进品牌俱乐部，使其共享知名品牌的品牌效应，提高产品附加值，从而达到节约投入成本，提升品牌竞争力的目的。在知名体育品牌的带动下，这些中小企业往往能获得不错的发展。

③积极进行标准化工作

体育旅游产业的服务水平在一定程度上影响着体育旅游产业集群的建设与发展。因此，核心领导型企业必须通过相关的服务质量标准和流程体系加强与中小企业的合作与交流，并对其进行有效的管理。[①] 这是体育旅游企业的标准化工作，应引起重视。

（2）区域品牌聚集型发展模式

在以往的体育旅游产业发展中，主要存在着景点项目竞争和线路竞争等几种

---

① 杨明，王新平，王龙飞.中国体育旅游产业集群研究[J].武汉体育学院学报，2009，43（1）：37-42.

竞争形式，但是伴随着体育产业的不断发展，以及区域经济一体化的发展，很多体育旅游企业开始寻求区域内的沟通与合作，通过区域内各企业之间的合作，能构建资源共享、双方共赢的局面。这就是我们通常所说的区域品牌聚集型发展模式。因此，在未来的发展中，我们可以引导一些规模较大的核心企业，促使其采取区域集群化经营，使其向着集团化、专业化和网络化的方向发展。

7. 发挥核心企业的带动作用

体育旅游产业是体育产业与旅游产业的结合，其涉及的行业非常广泛，主要包括旅游业、餐饮业、商业、休闲娱乐业等，再加上与体育行业融合之后产生的各种融合型企业，就会产生一大批与体育旅游产业相关的中小型企业，核心企业的作用就是可以将多数的中小型企业集聚起来，从而形成集群效应。[①]

核心企业在体育旅游产业集群化发展中发挥着极为重要的作用，它在很大程度上决定着整个产业集群的市场竞争力。在当前我国体育产业市场中，存在着大量的中小企业，这些中小企业的发展需要核心企业的带动与扶持，只有双方加强彼此间的沟通与交流、融合与合作，才能构建共赢的局面。为促进双方的发展，政府相关部门在招商引资的过程中要充分阐明自身的优势，吸引一些大型企业前来投资与发展，这是推动体育旅游产业集群化发展的重要举措。除此之外，国家政府部门也要给予体育旅游企业必要的政策支持，制定一些优惠政策，实现在某一区域集聚更多体育旅游企业的目标。

8. 制定集群内的差异化经营策略

差异化经营策略主要是指体育旅游企业为了追求尽可能大的经济利润，设计出满足消费者个性化需求的体育旅游产品，使消费者能看中产品价值并激起消费的欲望，此时价格就成为消费者的次要关注要素。这一经营策略不仅能够使得体育旅游企业获得较大的经济利润，还能满足消费者的心理需求，可谓实现了双赢。在体育旅游产业集群发展的初期阶段，体育旅游企业可以根据具体实际情况制定差异化的经营策略，定位不同的体育旅游消费层次，细分体育旅游市场，根据旅游者的实际情况涉及多样化的体育旅游产品，以满足消费者的个性化和多样化需求。

---

① 张家喜. 环太湖体育旅游产业集群发展的研究 [D]. 上海：上海师范大学，2016.

9. 建立与完善线上推广体系

在当今社会背景下，各种高科技手段、信息技术等在社会各个领域都得到了广泛的利用。如今，手机已深入每一个家庭和人群，在人们的生活与工作中扮演着十分重要的角色。智能手机得到了普及与发展，通过手机人们能解决各种生活或工作问题，大大提高了工作的效率。对于热爱旅游的旅游者而言，可以充分利用手机 App 等选择旅游目的地、预订酒店、规划行程路线等，这为人们提供了极大的便利。因此，利用互联网可以极大地促进体育旅游产业集群的发展。大量的实践与事实表明，建立体育旅游的线上推广体系，对于体育旅游产业集群的建设与发展具有重要的推动作用。

10. 构建完善的风险评估体系

任何事物的发展都存在一定的风险，体育旅游企业也是如此。体育旅游企业在发展的过程中会面临经济危机、市场行情动荡和人才流失等问题，当发生这一问题时就会出现一定的风险。因此，构建完善的风险评估体系，加强体育旅游产业集群的风险管理是尤为必要的。

总之，要想促进体育旅游产业集群的健康发展，提高其在市场上的竞争力，就要做好各类风险的预防与管理，尽可能地避免风险或者在风险发生时将破坏程度降到最低。这对于体育旅游产业集群的健康发展具有重要意义。

第二节 体育旅游产业集群的发展现状

随着健康中国战略持续推进，体育与旅游融合发展已经成为新趋势，体育旅游成为我国旅游业高质量发展新的战略支撑点。人们健康意识的提高，让更多的人愿意迈出家门参与体育锻炼，体育旅游消费得到了推动。中国旅游研究院和马蜂窝自由行大数据联合实验室根据马蜂窝旅游交易平台数据，并结合中国旅游研究院大数据调查平台，解析了我国体育旅游消费和目的地状况，并据此提出体育旅游高质量发展的对策，数据采集时间段为 2019—2021 年 6 月。

一、体育旅游发展走向"大众化"

体育旅游成为健康中国战略的示范产业，体育旅游大众化时代即将来临。主要体现在以下六个方面：第一，国家战略交汇点。如政策制度《"健康中国2030"规划纲要》《关于大力发展体育旅游的指导意见》《进一步促进体育消费的行动计划（2019—2020年）》《关于加快发展健身休闲产业的指导意见》等。第二，地方发展引擎，如：华北和东北地区布局冰雪旅游度假区、冰雪小镇等；中西部地区依托天然的山地丘陵以及沙漠河流等形成户外运动为主导的峡谷穿越、山地自行车、荒漠探险等体育旅游项目；新疆、黔南等地作为少数民族集聚地，衍生出一批体育旅游民俗项目；东南沿海一带整体经济实力较强，体育商业发达，举办顶级或超大型赛事。第三，消费市场潜力巨大。城市休闲旅游步道成为基础设施建设必不可少的一环，常态化的户外运动习惯正在养成，体育旅游人数每年呈现出40%的增长率。[①]第四，学科和人才支撑。北体大、上体、首体等高校开设了体育旅游本科专业，数十所高校开设了休闲体育专业。第五，产业体系正逐步完善。以参与型和观赏型为主导的体育旅游产业链条正逐步走向完整。第六，国内外文化交流平台。北京冬奥会、东京奥运会以及欧洲杯等职业联赛为增进国家及民众之间的交流提供了舞台。

二、体育旅游多以参与型活动为主

体育旅游以参与型（62.8%）为主，观赏型（37.2%）为辅。在参与型的体育旅游项目中，爬山、马拉松、骑行、冰雪运动、徒步等是大众参与较为广泛的活动（图3-2-1）；而在诸多的观赏型体育活动中，奥运会、世界杯、世锦赛等世界综合性体育赛事以及水立方、鸟巢等知名度较高的体育建筑受到了消费者的广泛关注（图3-2-2）。[②]

[①] 搜狐网.中国旅游研究院和马蜂窝旅游联合发布《中国体育旅游消费大数据报告》(2021)[EB/OL].（2021-07-14)[2023-07-09].https://www.sohu.com/a/477444824_124717.
[②] 同①.

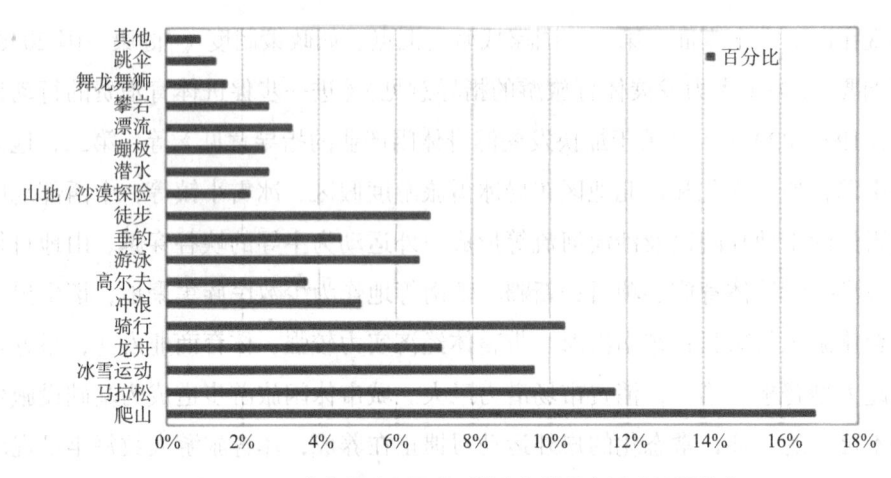

图 3-2-1　游客体验不同类型的参与性体育活动的百分比

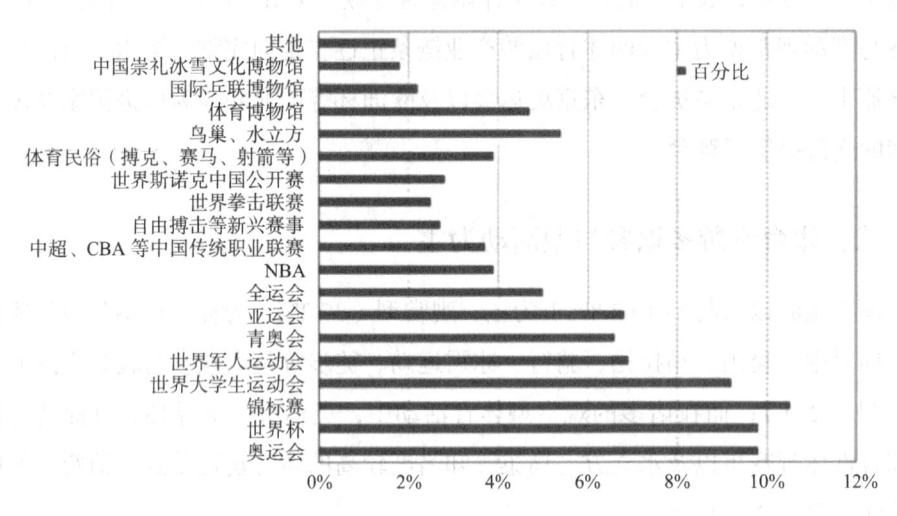

图 3-2-2　游客观赏体育活动、体育建筑、体育博物馆的百分比

三、体育旅游多倾向选择举办赛事的地区

"双奥之城"北京的体育旅游吸引力较大。在国内，有很多消费者曾前往北京、天津、山西、吉林、黑龙江、重庆、内蒙古、上海、广东、江苏、浙江等地感受体育旅游，其中前往北京的人数较多，作为举办2008年夏奥会和2022年冬奥会的"双奥城市"，北京成为消费者较喜爱的体育旅游目的地和打卡地，水立方、

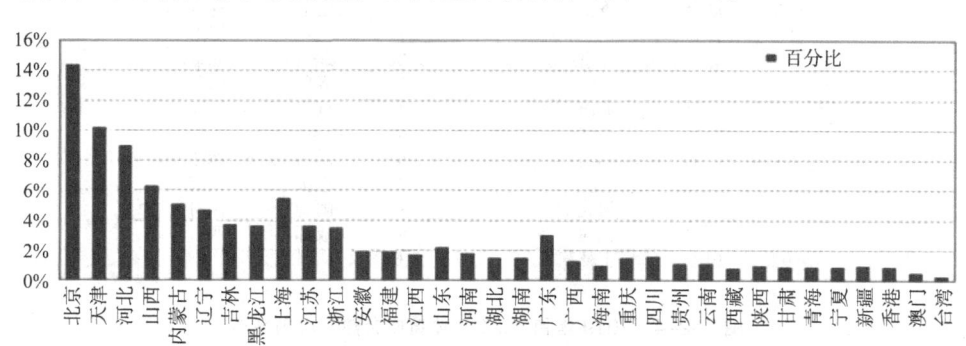

鸟巢为主要内容的奥运建筑遗产成为主要吸引物（图 3-2-3）。①

图 3-2-3　游客去往国内目的地参与体育旅游活动的百分比

四、体育旅游独特亮点铸造城市旅游招牌

数据显示，2019年，海南、长三角、环渤海等地区体育游热度攀升。青岛、北京、杭州、三亚、湖州等城市居于热门榜单高位。青岛依托帆船体验、出海看日落、喂海鸥、海钓、快艇、参观奥运火炬等体育游乐项目荣登体育旅游热门城市榜首，奥林匹克帆船中心、奥运帆船博物馆均是热门景点。北京依托滑雪、爬山、漂流等体育项目位列体育旅游热门城市第二。杭州以夏季漂流、西湖游船、千岛湖骑行等体育项目位列体育旅游热门城市第三位。2021年境外体育游人群转向境内目的地，潜水、冲浪、游艇、体验浮潜、跳伞、滑翔伞等境外海岛游玩法使三亚迅速成为体育旅游热门目的地。客源地北京的游客，在疫情后首个冬天选择去北京周边的张家口滑雪，去张北草原天路骑行、草原露营看星星等玩法的热度也持续上涨（图 3-2-4）。②

---

① 搜狐网.中国旅游研究院和马蜂窝旅游联合发布《中国体育旅游消费大数据报告》(2021)[EB/OL].（2021-07-14)[2023-07-09].https://www.sohu.com/a/477444824_124717.
② 同①.

2019年体育旅游热门境内城市 TOP10			2021年体育旅游热门境内城市 TOP10		
排名	城市	省份	排名	城市	省份
1	青岛	山东	1	三亚	海南
2	北京	北京	2	北京	北京
3	杭州	浙江	3	青岛	山东
4	三亚	海南	4	杭州	浙江
5	湖州	浙江	5	张家口	河北
6	成都	四川	6	湖州	浙江
7	哈尔滨	黑龙江	7	重庆	重庆
8	张家口	河北	8	阿坝	四川
9	厦门	福建	9	成都	四川
10	白山	吉林	10	广州	广东

图 3-2-4　2019年和2021年体育旅游热门境内城市

数据显示，出游结伴类型方面，独自出游、朋友组团、同学结伴旅游的人群更青睐体育旅游，总占比达69%，和朋友及同学出行总占比达41%，独自出行占比28%。"运动+社交"已成当下年轻人的潮流，如一站式社交运动娱乐场所、网红打卡地、"潮玩运动街区"等。街区中包含VR、保龄球、棒球、台球、射箭、壁球、复古溜冰、密室、F1赛车模拟器、街机跳舞机、气步枪模拟射击、冰壶、攻防箭、真人镭射战场等，同时提供美食、酒水、表演、赛事直播等内容，通过运动休闲促进社交的模式，已经展现出消费潜力。F1赛车体验感强、有专业教练现场教学等因素是吸引年轻游客的重要原因。不少游客也是认为团队运动可以让他们很容易交上朋友，增进感情。①

五、体育旅游的短途游更受青睐

2019年，约有60%用户选择体育旅游出行2~8天，中短途体育旅游是主流。到2021上半年，3天以内的体育旅游占比约70%，成为热门的选择（图3-2-5）。用户更偏好在城市周边多频次进行户外运动，户外运动也逐渐成为人们的生活方式。比如北京较火的跑步胜地——北京奥林匹克森林公园，是很多跑团定期举办训练活动的固定场所。很多社会组织、单位等，也会不定期在北京奥林匹克森林公园举办团建、拓展、定向越野、跑步比赛等活动。这吸引了很多到北京旅游的跑步爱好者，也想体验一下在城市氧吧中奔跑，打卡网红跑步公园。②

---

① 搜狐网.中国旅游研究院和马蜂窝旅游联合发布《中国体育旅游消费大数据报告》（2021）[EB/OL].（2021-07-14）[2023-07-09].https://www.sohu.com/a/477444824_124717.
② 同①.

参与户外运动停留时间

2019年约60%用户体育旅游出行2~8天，中短途体育游是主流。2021年3天以内的体育游占比约70%，成为最热门选择，用户更偏好在城市周边多频次进行户外运动。

▼ 2019年参与户外运动停留时间　　▼ 2021年参与户外运动停留时间

图 3-2-5　参与户外运动停留时间

六、体育旅游中年轻群体占主体地位

户外运动消费更加理性，消费下降明显。体育旅游人群中女性占比66%，高于男性，说明在行前攻略、出游决策中女性占主导地位。游客年龄方面，体育旅游年轻化特征显著，"80后""90后"游客占比超过七成，"90后"年轻人比重较高，达40%，成为出游的绝对主力。对于有一定经济基础，事业趋于稳定，或拥有自己小家庭的"80后""90后"人群来说，体育旅游具有相当强的吸引力。①

第三节　体育旅游产业集群的未来发展趋势

一、全民重视健康理念，推动体育旅游发展

2019年7月，国务院公布《关于实施健康中国行动的意见》，把"推进健康中国建设"列为关系我国现代化建设全局的一项战略任务，提出"坚持预防为主的方针，深入实施健康中国行动""重视精神卫生和心理健康"等要求。全球健康研究所的数据显示，近5年全球健康旅游增长率为9.9%。年复合增长率达7.5%，潜在的市场规模达万亿级。2015年发布的《关于促进中医药健康旅游发展

---

① 搜狐网.中国旅游研究院和马蜂窝旅游联合发布《中国体育旅游消费大数据报告》(2021) [EB/OL].（2021-07-14)[2023-07-09].https://www.sohu.com/a/477444824_124717.

的指导意见》提出，到 2025 年，中医药健康旅游人数达到旅游总人数的 5%，中医药健康旅游收入达 5000 亿元。①

二、科技发展改变体育旅游消费模式

随着 5G 网络的逐渐普及，在万物互联的时代，依托互联网和物联网的体育旅游有更多的玩法。"十四五"期间将建设 1000 个体育公园，推进"互联网＋健身"，提高全民健身公共服务智能化、信息化、数字化。2021 年 9 月，《关于以新业态新模式引领新型消费加快发展的意见》颁布实施，鼓励发展智慧旅游，大力发展智能体育创新无接触式消费模式。

三、线上带动线下，时尚体育运动市场潜力无限

随着国内兴起的全民健身热潮，运动成为一种新的时尚。从《极限挑战》《奔跑吧》《报告！教练》到《这就是灌篮》《来吧冠军》《运动好好玩》等，体育运动类的综艺节目在年轻群体中掀起了体育旅游的热潮。2024 年，巴黎奥运会增设霹雳舞、滑板、攀岩和冲浪四个大项，这些项目都是深受年轻人喜爱的时尚运动，观赏性强，商业化价值高，市场潜力无限。

四、体育旅游改变城市空间建设

城市体育综合体是体育旅游休闲产业蓬勃发展的空间承载，也是城市空间重塑的重要内容。人民群众健身意识的不断加强，对于体育综合体来说是利好的消息。因此，以体育＋商业综合体为核心，打造运动主题区＋商业配套区两大载体，汇集全民健身、健身培训、大众赛事、餐饮住宿、休闲娱乐等多种体育休闲业态，打造面向全民健身的多功能体育综合体也是大势所趋。

五、体育旅游 IP 化，助力地区旅游发展

游客的消费需求经历着"认知—参与—融入—沉浸"的变化，游客偏好具有核心吸引力及主题性的产品，游客期待在体育旅游过程中获得身份认同感，而 IP

---

① 搜狐网.中国旅游研究院和马蜂窝旅游联合发布《中国体育旅游消费大数据报告》（2021）[EB/OL].（2021-07-14)[2023-07-09].https://www.sohu.com/a/477444824_124717.

的强内容力、高排他性，可赋予旅游产品独具特色的个性主题，符合游客个性化、多样化的旅游需求，提升游客游憩体验感，满足游客的情感需求。知名赛事、明星级的运动员、著名体育俱乐部、热门体育娱乐活动以及具有地标意义的体育场馆等，都可以成为体育旅游 IP 和顶级流量，具有带动一个地区和一个时期体育旅游发展的能力。

第四章　我国体育旅游产业竞争力提升策略研究

本章主要介绍了我国体育旅游产业竞争力提升策略，即从政府管理、行业管理、企业管理以及跨部门协同治理的角度，探讨我国体育旅游产业竞争力的提升策略。

第一节　政府管理

政府在制定体育旅游发展战略、规划、政策法规，提升区域体育旅游形象，拓展体育旅游市场，实施体育旅游人才管理与监督，培养和储备体育旅游人才等方面发挥着不可替代的作用。因此，为了提高体育旅游业的竞争力，政府必须引导和规范体育旅游规划管理、体育旅游基本建设管理、体育旅游资源开发管理、体育旅游从业人员管理和体育旅游市场监管。

一、"政府主导型"发展战略

（一）"政府主导型"体育旅游发展战略内涵

政府主导的体育旅游发展战略是在市场资源配置的前提下，通过行政手段发挥政府在市场领域的积极干预作用，引导和促进体育旅游业的发展，这主要体现在三个方面。首先，强调市场的基本作用，即在政府以市场为基础配置资源的前提下，组织、协调和调动各种社会力量，共同促进体育旅游业的发展；其次，强调政府的职能，其重要意义在于让政府在体育旅游市场中发挥有效的干预作用；最后，强调政府在政策法规上的指导作用和规范作用，即在认识体育旅游经济发展规律的前提下，通过政策引导体育旅游业、通过标准制定规范体育旅游业、通过规划引导体育旅游业、通过各种信息的发布来调整和协调体育旅游业，树立区域体育旅游形象，扩大市场份额政策和法律整合行为。

（二）"政府主导型"体育旅游发展战略适用范围

要制定以政府为主导的体育旅游发展战略，首先要有明确的认识和系统的把握，明确哪些方面可以干预，哪些方面不能干预，哪些方面需要做，哪些方面只需要引导。这样才能真正发挥政府在体育旅游业发展中的主导地位，实现预期目标，取得突出效益，不产生反作用。政府主导体育旅游发展战略的关键在于引导，其实施领域也需要权衡和把握重点。政府主导的体育旅游开发措施主要体现在软环境和硬环境上，软环境主要体现在政策环境上，硬环境主要体现在体育旅游基础设施环境上。例如，通过制定体育旅游相关法律法规，规范体育旅游管理，制定产业政策，引导和鼓励体育旅游业健康高效发展，创造良好的体育旅游发展环境，确保体育旅游业的快速有序发展。搞好区域体育旅游合作，提高体育旅游营销效益，做好基础设施建设等，是体育旅游业竞争力的主要内容。

（三）实施"政府主导型"体育旅游发展战略的影响

我国实施"政府主导型"体育旅游发展战略以来，体育旅游业的社会经济地位得到了全面改善，中国体育旅游业在国际市场上的知名度和竞争力也得到了迅速提高。此战略在体育旅游业发展中起着重要的作用，主要体现在四个方面：确立体育旅游业的地位、营造体育旅游的社会氛围、建立产业管理体系和增强体育旅游业的竞争力。

选择以政府为主导的体育旅游发展战略，需要客观地评价其优劣势，避免相关主观因素对体育旅游发展战略的制约，探索政府主导与市场协调发展的平衡点。当然，政府在引导体育旅游业发展方面有许多优势，如关注重大事件等。但是体育旅游经济最终应遵循市场经济发展的规律，即在体育旅游业发展到适当时期时，应考虑政府角色的转变，运用"看不见的手"对体育旅游市场进行适度的宏观调控，最终使体育旅游业走上健康有序的发展道路。总之，"政府主导型"的发展模式应注重时代性，及时关注相应问题。

二、体育旅游发展政策与法规

（一）完善体育旅游法规体系，加强标准化工作

目前，体育旅游业正在加快向市场经济转型，同时政府职能也在向服务型和

规范型转变。其中，政府监督职能的实现需要有系统的体育旅游相关法律制度作为支撑。因此，加强体育旅游相关法律法规建设，使体育旅游管理制度化是体育旅游发展管理的首要任务。首先，要完善体育旅游相关法律法规体系。体育旅游业是一个涉及多种不确定因素的产业，《中华人民共和国旅游法》的出台为体育旅游相关法律法规的制定提供了基本指导。地方政府旅游管理部门应根据形势的发展，不断完善体育旅游相关法律制度。其次，要加强体育旅游标准化工作。针对区域体育旅游市场的实际情况，加快制定地方体育旅游工作的一些标准或技术规范，并制定相应的措施，规范体育旅游景点和设施的建设，规范接待服务，规范体育旅游从业人员的行为，规范体育旅游市场。加强体育旅游市场管理，完善体育旅游相关产品和服务质量监督体系，加强行政执法。提高体育旅游质量监督管理机构的行政执法水平，及时受理、查处违法行为，维护体育旅游市场的良好秩序和形象。坚决打击无证经营、价格欺诈、强迫买卖、违约、背信等违法行为。加强对体育旅游市场的监管，完善体育旅游投诉处理机制，改善游客投诉渠道。

（二）建立体育旅游诚信体系，创造良好的发展环境

充分发挥现代科技和信息网络的优势，加强政府体育旅游网络建设，实现全行业网络化，为体育旅游企业和个人建立诚信管理档案，及时向公众公布和披露，提供公众咨询服务。加强新闻中心的作用，加强与游客的沟通和互动，倾听公众的声音。严格规范行业信用，加大对体育旅游企业失信行为的处罚力度，提高违法成本。

（三）充分发挥行业协会的作用，监督体育旅游市场

指导各协会会员联合管理决策，充分发挥其在体育旅游市场的导向、媒体服务和监督方面的作用。继续加强体育旅游协会在体育旅游部门中的地位，加强体育旅游协会、酒店协会、旅行社协会等协会的建设，扩大各协会组织的覆盖面，提高协会在重大事件中的决策能力和应对突发事件的能力。

三、体育旅游公共服务体系建设

体育旅游公共服务是体育旅游业发展不可缺少的组成部分。它不仅是衡量区

域体育旅游发展水平的重要标志，也是衡量体育旅游者对体育旅游目的地满意度的重要指标。在发展体育旅游业的同时，各地都应越来越重视体育旅游公共服务体系的建设和完善。

（一）体育旅游公共服务体系的结构

区域体育旅游公共服务系统是由支持系统、需求系统、供应系统和媒体系统四个子系统组成的综合性有机整体。

1. 支持系统——重要基础

体育旅游公共服务的有效供给和合理配置，依赖于区域完善的公共服务设施体系，包括基础设施、公共交通设施、综合环境、公共信息服务、商业环境和公共安全。体育旅游公共服务与区域公共服务是相互协调、相辅相成的。体育旅游公共服务是体育旅游领域公共服务的特殊体现，区域公共服务是体育旅游公共服务体系的重要基础和支撑。

2. 需求系统——存在的基础

需求系统是区域体育旅游公共服务体系的基础。从体育旅游发展的过程来看，随着体育旅游消费水平、产业规模和社会功能的不断提高，体育旅游公众需求将发生变化，并逐步扩大。随着大众体育旅游时代的到来，人们对体育旅游公共服务的需求也在逐步提高。与此同时，体育旅游消费需求的内容与消费形式也在发生变化，体育旅游活动逐渐摒弃团队导向，转变为团队与自助体育旅游两种形式并存，体育旅游者对体育旅游信息咨询、体育旅游安全、体育旅游交通引导等体育旅游公共服务的力度越来越大。体育旅游公共服务体系设计的基本原则是坚持以游客为中心，兼顾居民需求，随着公共需求的变化，要不断调整体育旅游公共服务体系的内容和程序。

3. 供应系统——核心组成

区域体育旅游公共服务供应系统是区域体育旅游公共服务系统的核心，为需求子系统提供产品和服务。作为游客，他们的需求有很大不同，体育旅游目的地提供的服务和公共物品应优先满足大多数游客的需要。由于政府提供的体育旅游公共服务只能是一种基本的公共服务，政府提供的体育旅游公共服务不能通过政府提供的方式来满足需求，这为社会和私人组织供应体育旅游公共服务提供了可能性。公共服务的基本特征是非排他性和非竞争性消费，不同类型的体育旅公共服务的非排他性和非竞争性性质不同，体育旅游公共服务供给的主体也发生了变化。传统观念中只有政府才能提供的体育旅游公共服务将逐渐被多主体供给取代。

4. 媒体系统——重要手段

体育旅游公共服务媒体系统是实现整个区域体育旅游公共服务系统功能的重要手段。体育旅游涉及的是人流、物流、资金和信息的流动，其本质是通过信息流引导游客的流动和服务的合理配置。区域体育旅游公共服务体系的有效运行是信息有效传播的前提和保证。体育旅游信息化可以减少体育旅游公共服务供求过程中的信息不对称。现代信息技术为体育旅游公共服务过程提供了一系列便利的条件和技术支持，改变了传统体育旅游服务的方式和内涵。信息技术、云计算、云体育旅游等创新理念的发展和应用，也为体育旅游公共服务系统的发展提供了新的机遇和技术支持。

（二）组建体育旅游公共服务体系的措施

1. 完善体育旅游支持系统的建设

政府在完善体育旅游公共服务体系中起着主导作用。政府要不断完善体育旅游公共服务设施，改善食品、住房、交通、旅游、娱乐、购物六大旅游服务要素的配置，包括从以下四个方面完善体育旅游支持体系建设：第一，完善体育旅游交通体系，使游客出行更快、更方便，引导高质量景区建设，为游客提供体育旅游感知价值；第二，支持多层次、多类型体育旅游购物场所，增加体育旅游消费项目，提高体育旅游满意度；第三，挖掘体育旅游餐饮特色，增设食品街、食品城、专业食物链商店等餐饮服务网点，使游客能旅游得更好、吃得更好；第四，加强体育旅游金融、保险、信息服务平台等公共服务设施建设。

2. 以需求为导向优化体育旅游公共服务供给

需求导向是优化体育旅游公共服务供给的最基本要求，创新体育旅游公共服务供给决策机制，将体育旅游公共服务供给决策由"供给导向决策"转变为"需求导向决策"。及时、有效地了解和掌握体育旅游者对体育旅游公共服务需求的趋势，尽可能实现体育旅游公共服务供需的平衡，实现体育旅游公共服务的最佳供给。同时，为了提高体育旅游公共服务的供给水平，必须在体育旅游公共服务提供者、生产者和消费者之间建立信息渠道，以减少和避免体育旅游公共服务供给过程中的低效供给和无效供给。当公共体育旅游需求发生变化时，政府应确保体育旅游公共服务需求得到满足，并对新的公共服务需求做出积极反应。

3. 实现体育旅游公共服务供给主体的多元化

要正确处理市场经济条件下企业、政府和中介组织之间的关系，努力转变体育旅游行政部门的职能，确保政府承担体育旅游公共服务的主导责任，同时充分发挥社会和市场在公共服务供给中的作用。首先，政府可以通过实施体育旅游公共服务外包、特许经营、志愿服务等方式，引导私营和非营利组织提供一些公共服务项目；其次，要加大对体育旅游公共服务的财政支持力度，将体育旅游公共服务体系建设纳入政府工程，全年为人民办实事；最后，可以在制度之外发展多样化和标准化的资金来源，在市场经济条件下，可以通过收费方式选择由私人、企业或金融机构出资的体育旅游公共服务时，政府应在政策上给予私人资本税收优惠和经济补贴。

4. 引入先进技术构建体育旅游服务信息化平台

体育旅游信息公共平台是指依托移动互联网技术，为体育旅游企业从业人员、体育旅游者和广大公众提供全方位的服务，如电子机票、电子导游、社区短信、微信、虚拟体育旅游社区、实时监控等方便、低碳、高效的消费服务和体育旅游体验。实现政府监管、商家资源共享、体育旅游信息订购等一站式综合体育旅游信息服务。政府可以开发或引导企业开发各种体育旅游信息服务平台，如体育旅游信息网络、体育旅游电子商务网络、体育旅游管理网络、支持手机网站等，使体育旅游信息流更加及时、顺畅。

5. 体育旅游公共服务管理机构的建设

政府的体育旅游公共服务管理机构是为社会、体育旅游者、体育旅游企业提供体育旅游公益服务，行使体育旅游公共服务管理职能，承担组织、指导、监督和管理体育旅游公共服务工作的职能。体育旅游公共服务管理应坚持公益性，突出服务，加强横向联系和沟通，按照其职责和任务开展各项工作。

四、区域体育旅游合作

（一）区域体育旅游合作的内涵及原则

体育旅游业的发展不是孤立的，需要区域间的合作，这对于增强区域体育旅游的实力和竞争力具有重要意义。区域体育旅游合作是指根据一定的协议、章程或合同，在区域间重新整合和分配资源，以获得最大的社会、经济和生态效益的体育旅游经济活动。目前，我国区域体育旅游合作主要包括无障碍体育旅游，体育旅游人才的联合培养、联合推广、资源共享、跨区域经营和体育旅游企业重组等。为有效、有序地开展区域体育旅游合作，应遵循以下原则。

第一，地位平等原则。区域合作单位成员平等是区域体育旅游共同发展的内在要求，也是确保地方政府间合作成功的必要条件。地方政府只有在平等的基础上，才能进行多层次、广泛的磋商与合作。

第二，互信共赢的原则。互信是合作的基础，互利合作是合作的目的。区域内的合作成员应相互信任，加强交流，在解决合作进程中可能出现分歧的同时，要努力找到各方利益的平衡点，找到双赢的途径，使各方的合作成员都能在区域体育旅游发展中获益。

第三，政府主导原则。政府是区域体育旅游合作的主体，要充分发挥政府在区域体育旅游合作中的主导作用，消除区域体育旅游发展中存在的各种障碍，制定区域体育旅游发展规划和政策，建立区域体育旅游合作机制，完善区域体育旅游市场体系等。

第四，市场合作原则。遵循市场规律是决定区域体育旅游合作健康发展的必要条件。因此，区域体育旅游合作要求各成员首先在体育旅游市场上进行合作，通过市场机制优化区域体育旅游资源配置，规范体育旅游市场运行机制，消除区域间体育旅游市场壁垒。通过开放市场，构建完善的区域体育旅游市场体系，为区域体育旅游业的健康发展创造公平的市场环境。

（二）政府在区域体育旅游合作中的角色

政府在区域体育旅游合作中起着主导作用，并在以下四个方面发挥作用：

第一，倡导区域体育旅游合作。从本质上讲，推动区域合作的主导力量是市场，主体是企业。然而，由于目前区域体育旅游合作市场机制不完善，体育旅游企业难以或不可能从整体战略高度实施区域体育旅游合作，再加上区域金融、信息、技术等流通渠道的障碍，使得区域体育旅游资源整合更加困难，很难依靠企业单独推动区域体育旅游高效合作。因此，为了克服市场的盲目性，政府作为区域体育旅游合作战略规划的倡导者，应为企业的区域体育旅游合作提供有效的平台和便捷的服务，引导和鼓励企业有序地参与区域体育旅游合作。

第二，成为区域体育旅游合作平台的设计师。区域体育旅游合作的目标是实现区域体育旅游一体化，区域体育旅游一体化的实质是体育旅游市场的整合。体育旅游市场的整合要求政府转变职能，使体育旅游企业真正成为市场的主体，根据市场的要求和原则做出自己的决策。然而，由于合作领域的组成复杂多变，依靠单个企业的实力难以及时、全面、准确地掌握和处理信息，难以做出正确的决策。针对体育旅游企业在区域体育旅游合作过程中遇到的一系列问题，在区域间定期和不定期地举行政府间联席会议等高层会议，为区域体育旅游合作创造政策平台。同时，政府应积极建设跨区域信息、技术、金融、人力资源、交通一体化平台等。政府政策的支持和区域体育旅游合作平台的建设，可以促进区域体育旅游合作的发展。

第三，成为区域体育旅游合作机制的建设者。区域体育旅游合作是复杂多变的，必须有一套完整的合作机制来引导和约束，该机制的主体应具有绝对话语权和区域控制力，因此政府自然承担了构建体育旅游合作机制的重要任务。首先，合作成员政府应共同建立有效的体育旅游发展协调机制，加强区域体育旅游机制的衔接与合作，研究制定区域体育旅游协调发展的战略和政策；其次，建立区域体育旅游产品与形象宣传的联动机制，共同打造区域体育旅游精品，提高区域体育旅游产品的知名度和吸引力；最后，建立区域体育旅游业风险监测预警机制，完善突发事件应急机制，最大限度地规避和降低区域体育旅游风险。

第四，为区域体育旅游合作提供保障。体育旅游业的发展离不开交通、住宿、卫生、通信、金融等基础设施的建设，特别是交通便利和信息畅通是区域体育旅游合作的重要基础条件。然而，这些基本公共产品，由于其利益的外部性，是企业或任何私人市场主体所无法或不愿提供的。因此，这些基础设施体系的设计者必须是政府，只有政府才能保证区域体育旅游合作的顺利进行。政府通过财政资源、政策支持或经济偏好，鼓励和引导各方在市场上的投资和建设，注重社会力量，改善区域公共设施，如建立高效的信息流通网络渠道和交通系统，提供有效的金融、卫生等保障体系，满足区域体育旅游合作各方面的要求，确保区域体育旅游合作的可持续发展。

第二节　行业管理

体育旅游业管理是由行业协会等社会体育旅游组织和其他社会组织进行的，在政府的宏观管理下与各企业联系，如向政府提供意见和咨询，制定行业自律文件，协调竞争环境和维护公平贸易，通过评测和分级工作维护行业的市场秩序，组织和培养人才等。体育旅游业管理在提升区域体育旅游竞争力方面发挥着重要作用。

一、体育旅游产业结构优化

（一）体育旅游产业结构概述

1. 体育旅游产业结构的含义

林南志、陶汉钧将体育旅游产业结构进行了定义，认为体育旅游产业结构是指构成体育旅游业的饭店、交通、体育旅游景点等产业和部门的经济和技术的地位、作用和比重。[①] 王大悟和魏小安认为体育旅游产业结构是指各部门、地区、各种经济成分和经济活动各环节的构成、关系和制约之间的关系，同时进一步提出了体育旅游产业结构主要包括区域结构、组织结构、产品结构、所有制结构和产业结构。[②] 罗明义将体育旅游产业结构定义为以食品、住房、体育旅游、购买、娱乐为核心的体育旅游产业内部主要产业之间的经济技术关系和比例关系。[③] 根据这一定义，体育旅游产业结构主要包括体育旅游中介业、体育旅游饭店业、体育旅游运输业、风景区（景区）产业、体育旅游娱乐业、体育旅游商品产业等主要产业之间的经济技术关系和比例关系。

2. 体育旅游产业结构变动的影响因素

影响体育旅游产业结构变化的因素包括社会需求、科技进步、制度安排和资源供给。社会体育旅游需求是体育旅游产业结构升级的市场导向，制度安排是体育旅游产业结构升级的制度保障，科技进步是体育旅游产业结构升级的自联动力。

---

① 李菊花，谭达顺. 体育旅游产业竞争力研究 [M]. 哈尔滨：哈尔滨出版社，2021：178.
② 同①.
③ 同①.

体育旅游资源供给是提升体育旅游产业结构的物质基础。在同一区域的不同地区或不同时期，社会体育旅游需求、科技进步、体育旅游制度安排和体育旅游资源供给在体育旅游产业结构升级过程中所处的地位和作用不同。体育旅游产业结构的变化不是孤立的，任何影响经济发展的因素都会影响体育旅游产业结构的变化，影响因素可分为以下三类：

（1）体育旅游供给因素

广义上，供给因素包括自然条件和资源禀赋、投资、劳动力、进口、商品供给、技术，国内外政治、经济、法律等，以及人的观念、制度等，这些因素往往使体育旅游业结构发生变化。

第一，自然条件和资源禀赋。自然条件和资源禀赋条件是体育旅游资源形成的基础。体育旅游资源定位中的气象、气候、地貌、水文等环境因素，以及体育旅游资源为游客提供的观赏价值、娱乐价值和使用价值，资源所蕴含的历史、科学、文化、艺术价值，资源的规模、是否受到自然或人为的干扰和破坏、保护的完整性，生物物种的稀缺性，景观是否陌生，这种现象在各地是否普遍存在，是体育旅游资源调查中的重要问题。如果存在高水平的自然体育旅游资源，可以将其发展为以资源为基础的体育旅游产业结构。如果缺乏自然资源禀赋，则只能通过人为的方式创造景观，更注重体育旅游六要素的开发和完善。

第二，人力资源的供给。人力资源的供给不仅是经济增长的必要条件，也是决定经济发展的一个因素。体育旅游业是劳动密集型产业，对体育旅游业的发展、居民素质和体育旅游意识要求较高。因此，人口在经济增长和体育旅游产业结构变化中起着重要的作用。人力资源，即劳动力资源，是人口总数的重要组成部分。人口因素影响人均体育旅游资源所有权、体育旅游劳动力供给程度和可利用程度。从资源与人口平衡的角度看，人口过度增长将使本地区有限的资源转化为衣食住行，以满足人们的基本需要。这种情况一方面减缓了农业人口向非农业人口转移的速度；另一方面减少了其他资源的供给，阻碍了体育旅游产业结构升级的进程。因此，根据区域经济发展的条件和水平，提高人口素质，保持适度的人口增长率，对体育旅游业产业结构的升级有着重要的影响。

第三，资本资源的供给。金融资源是指货币资源，货币资本是企业经营管理的第一推动力，也是产业形成和发展的第一推动力和持续动力。资本资源供给对体育旅游产业结构变化有两个方面的影响：一方面是资金充足对体育旅游产业结构的影响；另一方面是不同体育旅游产业部门资金投入对体育旅游产业结构的影响。前者是指资金总额对体育旅游产业结构优化升级的影响，后者是指资本投资对体育旅游产业结构优化升级的影响。

第四，环境因素。体育旅游产业结构作为一个相对独立的系统，不仅是要素投入和产品产出与系统外部环境的正常沟通，而且受环境因素的干扰和影响。体育旅游业是一个敏感的产业，政治形势的变化、经济的发展，甚至天灾人祸都会对体育旅游业产生影响。这些因素进一步影响了体育旅游业的结构，促进了其经营效率和内部结构的变化。因此，稳定的政治形势、合理的经济政策、良好的经济环境等将促进体育旅游产业结构的协调发展；反之，则可能使体育旅游产业结构失衡，甚至制约体育旅游产业结构的协调发展。

第五，创新因素。从经济学的角度看，创新就是引入新的生产功能，以提高潜在的生产能力，从而大大提高体育旅游业的生产力水平。促进技术进步是创新的本质，技术进步必然产生产业结构的变化，从而促进体育旅游业产业结构的合理发展。同时，创新提高了生产力和社会财富，从而创造了新的体育旅游需求，刺激了体育旅游产业结构的变化。因此，随着社会化程度的提高和体育旅游技术的进步，创新必然使体育旅游产业结构和效率不断提高，从而促进体育旅游产业结构的协调和优化。

（2）消费需求

体育旅游业的市场需求具有很大的随意性和自发性，其供求主要依靠市场调节，是一种"自然市场导向型产业"。同时，由于体育旅游需求具有较大的弹性，所有影响收入增长和经济增长的因素都会影响体育旅游需求的变化，因此体育旅游需求的变化直接影响体育旅游产业结构的变化和方向。近年来，随着我国社会经济的快速发展和居民收入的不断增加，体育旅游需求不断增长，促进了酒店建设、景区开发和体育旅游交通的发展，使体育旅游业的结构不断发生变化。

第一，人口的增加和人均收入水平的变化。一般来说，人口越多，对体育旅游消费的绝对需求就越大。此外，人均收入水平的变化对体育旅游业的结构也有很大的影响。体育旅游消费是满足人们高层次需求的消费，体育旅游者的消费水平取决于收入水平，也决定着需求的满足程度，从而决定消费结构的变化。体育旅游者收入越多，越能充分满足体育旅游需求，从而促进体育旅游消费由低水平向高水平发展。人均收入水平的提高，必然会促进体育旅游消费结构的变化，而消费结构的变化将使体育旅游产业结构发生变化。

第二，个人消费结构。在需求结构中，个人消费结构对体育旅游产业结构变化的影响最大。因为个人消费结构直接影响着体育旅游产品的生产结构和规模，随着收入水平的提高，体育旅游消费总需求将不断扩大，体育旅游消费结构也将发生变化。从体育旅游运输成本占总成本的绝大部分到所有费用均衡发展，体育旅游消费品的档次越来越高，从观光体育旅游到度假体育旅游，个人体育旅游需求呈现多层次、多样化的发展趋势，如从大众体育旅游到登山体育旅游、探险体育旅游等多种特色体育旅游。多层次的体育旅游消费需求结构将促进多层次体育旅游产业结构的渐进升级进程。

（3）投资需求

投资结构是不同产业方向的资金投资所形成的投资分配比例。投资是体育旅游企业扩大再生产和产业扩张的重要条件。体育旅游各行业的投资是改变现有体育旅游产业结构的直接动力，新的投资需求如体育旅游电子商务的出现已经形成了新的产业，从而改变了原有的体育旅游产业结构，对一些体育旅游产业的投资将影响原有的体育旅游产业结构。投资于所有体育旅游业（包括食品、住房、体育旅游、购买、娱乐等方面），但由于投资比例的不同，各产业发展程度存在差异，体育旅游业结构也相应变化。由于投资是影响体育旅游产业结构的一个重要因素，因此政府经常调整投资结构，采取相应的投资政策来实现体育旅游产业结构调整的目标。

（二）体育旅游产业优化的原则

1. 可持续发展原则

可持续发展的定义是以一种简单和普遍的方式促进发展和保持其可持续性。它有两层含义："发展"和"可持续性"。可持续发展不仅是一个经济发展问题，而且与生态环境和社会发展密切相关。在优化体育旅游产业结构的过程中，应遵循可持续发展的原则，使体育旅游业的发展有利于人民、社会和国家。

2. 市场导向原则

在市场经济条件下，消费对生产和需求供给的导向作用日益增强，消费需求结构的变化也越来越多地影响着产业结构的变化。产业结构调整虽然反映了产业关系和比例关系的变化，但归根结底是受消费需求结构的制约。因此，满足社会的需要不仅是生产和建设的初衷，也是生产和建设的归宿，是产业结构调整的基本要求和基本原则。偏离这一原则，调整产业结构将失去规范、目的和根本动力。

体育旅游产业结构调整应以适应体育旅游市场需求为中心。体育旅游产品的供给和消费是一个互动的系统，体育旅游消费可以成为体育旅游产业结构调整的指南。体育旅游产业结构调整应能引导消费者。因此，在调整体育旅游产业结构之前，要对市场需求进行深入的调查和认识，并具有前瞻性的眼光，形成正确的、良性的体育旅游消费导向。市场要求人们按照市场规律从事经营活动，但同时也要采取一定措施防止市场监管失灵。这些措施是国家法制和宏观调控的总方针，体育旅游市场产业优化的原则必须在当时的国家法律法规和政策允许的范围内执行。

3. 适度推进原则

首先，要优化体育旅游产业结构，必须对体育旅游市场主体进行准确的分析和把握，明确近期的供需形势和长期供求的变化；其次，体育旅游业的发展应以经济效益为主要指标，准确把握体育旅游产业发展速度、规模、方向和区域的总体规划；最后，在此基础上，注重社会效益和环境效益，以实现适度推进。

4. 诚信原则

体育旅游业产业链长，包括酒店业、服务业、高端商业、娱乐业等。体育旅游业与其他产业之间的相互作用是明显的，偶尔出现的体育旅游业受交通、餐饮、风景名胜区等影响深刻。体育旅游产业结构的优化需要考虑诚信原则。在规划区域体育旅游产业发展时，体育旅游等产业应充分发挥这一联动作用，规范各产业诚信发展，从而通过区域体育旅游产业的发展促进地方相关产业的全面发展。

（三）体育旅游产业结构优化策略——以广州市为例

1. 增强地方体育旅游吸引力，积极拓展海外市场

要增加体育旅游业的外汇收入，就要做好市场的拓展工作。以广州为例，要增强区域体育旅游的吸引力，就要形成广州都市国际体育旅游品牌。扩大广州在美国、大洋洲、非洲等地区的体育旅游市场，巩固和扩大在韩国、日本、东南亚等国家地区的市场的份额。有效拓展海外市场可从以下两点出发：一是将粤港澳

联合起来，实现区域联合推广，形成联动效应，打造区域国际体育旅游品牌；二是借助广州大型赛事，营销广州城市国际体育旅游品牌。

2. 推进信息部门发展，建设体育旅游信息港

以广州为例，广州应抓住建设数字城市的机遇，加快体育旅游信息港的建设。对于体育旅游企业来说：一方面，可以利用信息、技术、管理等资源优势和网络化的规模优势，降低企业的经营成本和经营风险，提高经济效益；另一方面，由于经营成本的降低，企业必然会降低产品价格或提高服务水平，这种行为不仅可以赢得消费者的青睐，而且能够提高企业的市场竞争力和社会知名度，从而实现企业与市场的"双赢"。对于海外游客来说，信息时代需要的是一个方便快捷的个性化服务平台，体育旅游者不仅可以利用体育旅游信息港实现网络虚拟体育旅游，还可以享受个性化服务，从而实现虚拟世界与现实世界、企业规模管理和个性化服务的结合。

3. 以大型体育旅游企业为核心，形成区域产业集群

借鉴国外经验，促进体育旅游企业连锁化、网络化、集团化，从而实现规模化经营，建立体育旅游产业集群和体育旅游企业集团，支持品牌体育旅游企业的重组和整合，加强体育旅游企业的实力建设，是提升区域体育旅游竞争力的主要内容。例如，广州长龙集团的三家大型综合体育旅游度假村，这是集一站式体育旅游休闲度假村、酒店餐饮、娱乐休闲等于一体的国家首批 AAAAA 级体育旅游景区之一。其中，柳溪温泉体育旅游度假区是集住宿、餐饮、会议、商务、娱乐、休闲、健身、大型露天温泉于一体的豪华温泉体育旅游胜地；白水村省级风景区建设是集观光、度假、休闲、体验、健身、商务、会议于一体的综合性体育旅游产业，其集群效益进一步凸显。经过多年的经营，景区体育旅游产品日趋丰富，市场承载能力不断增强。广州应充分发挥自身的规模优势，进一步整合相关体育旅游资源形成体育旅游产业集群区，优化体育旅游产业结构，全面提升体育旅游业的竞争优势。

4. 完善体育旅游要素内部结构，提高产业结构效益

体育旅游业整体功能的程度往往取决于最坏的因素，体育旅游产业结构的优化在于协调，消除制约因素是协调的基础。一方面要进一步改善基础设施建设，提高竞争优势，优化餐饮部门的内部结构；另一方面要加快高附加值、高需求收

入弹性的体育旅游商品和娱乐部门的发展，特别是购物，以提高其产出比重。

通过体育旅游电子商务和网上服务预订系统，提供更方便、更快捷的交通服务，逐步完善中心城市与主要风景名胜区之间的交通体系，加强交通系统配套设施建设。根据广州体育旅游资源的特点，设计出具有特色的观光巴士路线，如城市型观光巴士、岭南文化巴士等。根据不同时期交通发展的特点，发展"历史交通体验体育旅游"，如民国时期的黄包车，这对于海外游客必然有不同的感受。提高特种体育旅游车辆的档次，提高公交乘务员、出租车司机、地铁乘务员等人员的文明素养和外语水平，提高导游和乘务员的服务质量，利用"软实力"保证广州交通的高使用率和满意度。

在体育旅游景观方面，要注意充分发挥资源优势，增强产品特色，加强品牌产品和新体育旅游产品的开发和建设，调整规划布局，加强体育旅游网络建设。支持开发特色体育旅游产品，加大营销力度。在注重体育旅游部门规模发展的同时，重视提高体育旅游产品的质量。

在餐饮方面，要注重挖掘文化特色，突出规模效应。为了增强餐饮产品的文化内涵和品位，在餐饮产品的开发中，注重挖掘民族文化和地方传统文化，并将其应用于餐饮产品的全方位包装，增加餐饮产品的附加值和吸引力。挖掘地方特色食品，将传统品牌与现代技术相结合，提高其技术水平和生产效率，不断推出新品牌。在住宿方面，要形成产品体系，设计合理的空间布局，以增加特色酒店的数量。在现有硬件设施和软件标准优势的基础上，巧妙设计，融入当地文化、自然特色的酒店，并提供多种供应，以满足不同层次的需求。

休闲娱乐是体育旅游六大要素中最具弹性的要素，是国际体育旅游外汇收入的重要组成部分。加快广州休闲娱乐产业发展的主要途径：一是以休闲娱乐企业为主体，形成纵向或横向产业链，改变"单打独斗"的恶性竞争局面。长龙集团的成功就是一个很好的例子。长龙集团成立于1989年，1997年在湘江野生动物园项目的帮助下，成功地进入了体育旅游业。后来发展了长龙国际马戏团、广州鳄鱼公园、长龙水上公园、长龙快乐世界、湘江大酒店、长龙高尔夫实践中心，现已形成集"吃、住、游（公园交通）、体育旅游、购买、娱乐"六大要素于一体的横向产业链。这不仅能满足游客的各方面需求，而且凭借规模优势，使长龙集团在激烈的市场竞争中占据一席之地。二是在休闲娱乐项目中，要突出文化因素，创造特色的休闲娱乐产品，辅以当地文化和流行文化，形成广州国际体育旅游的重要吸引力，如粤剧、茶文化表演等活动，再如广州传统戏曲、茶文化表演、"亚运会前瞻"等活动；运用现代科技手段，将元宵节、荷花节、美食节等传统节日活动纳入休闲娱乐活动。

在购物方面，进入广州的游客主要是观光、度假、商务、探亲访友，其中大部分是商务人员、专业技术人员。

5. 凭借会展优势，促进体育旅游产业结构提升

广州作为华南会展业的代表城市，会展经济发展迅速。近年来，广州会展业发展迅速，作为会展产业主体的广州，展览数量、展览设施数量和现代化水平都呈现出快速增长的趋势。广州已注册参展企业一千余家，主要从事展览业务近五百家。每年在广交会和京汉展览中心举办展览上千个，年增长率稳定在20%以上。从展览设施的角度看，广州展馆的现代化水平相对较高。广州国际会展中心是目前世界第二大会展中心，展览面积超过上万平方米，其中著名的展览有"国际建材展""华南家具展""广州世博会""广州国际车展"等。会展经济与体育旅游经济有着明显的互动关系，举办会议和展览，特别是国际展览，涉及六大体育旅游要素：餐饮、住房、交通、旅行、购买和娱乐。所以，各种国内外会展活动的参与者自然成为体育旅游业的重要市场。因此，应依托广州的优势，发展会展经济，进一步促进国际体育旅游的发展，从而增加广州国际游客的来源。国际客源的增加，特别是高消费水平的商业体育旅游客源的增加，可以大大提高国际体育旅游的经济效益，对优化体育旅游产业结构也具有重要意义。

二、体育旅游行业协会管理

（一）体育旅游行业协会的职能

1. 服务功能

服务是行业协会的核心，行业协会的存在价值在于它在自己的创造性工作中必须得到企业的认可。体育旅游行业协会的活力和凝聚力是为体育旅游企业服务，而行业协会的权威来源于其服务性质，只有行业协会提供了有效的服务，企业才会重视它。体育旅游行业协会的服务功能主要体现在信息服务方面。体育旅游行

业协会通过广泛收集和研究国内外各类体育旅游发展信息，根据体育旅游业的基本情况和经济技术指标，定期进行统计分析，积极开展体育旅游市场、投资开发、体育旅游规划、管理和服务规范的研究，为体育旅游企业的管理提供信息服务。通过一系列的工作和活动（讨论和交流、期刊和网站），为会员提供信息交流、质量规范、人力资源开发、权益保护等服务。

体育旅游行业协会要将企业信息化建设作为酒店星级评价、体育旅游景区评价、城市精品评价和产业选择的重要组成部分。专业协会包括体育旅游服务行业协会、体育旅游促进协会、体育旅游风景区协会、饭店协会和体育旅游信息协会等。例如，酒店协会通过定期编制行业简报，定期分发给会员企业，使会员能够更好地了解行业动态信息。此外，服务职能还体现在体育旅游行业协会组织学术讨论和技术交流，推广和应用新经验、新标准和科研成果，组织研究，协调客户市场，培训员工等方面。

2. 维权功能

行业协会的产生源于追求行业的共同利益，主要目的是保护和促进自身利益。因此，行业协会的首要任务是维护业界的利益，或者是保障业界成员的共同利益。体育旅游企业在市场发展中经常遇到各种问题，单个企业的能量往往是有限的。通过行业协会组织力量，往往可以事半功倍。行业协会与主管部门谈判，争取企业的合法权益，符合入世后中国市场主体的行为准则，能解决直接关系企业切身利益的问题，是有益的。在这方面，虽然目前的功能和能力有限，但相关体育旅游协会仍在努力争取，尽自己最大努力做了很多工作。

3. 协调功能

协调建立在信息收集的基础上，信息收集可以将成员的个人行动转化为集体行动。例如，利用贸易规则来抑制成员之间的恶性竞争和其他不规范的行为通过体育旅游行业协会的协调运作，可以大大降低体育旅游企业与政府之间的交易成本，即降低社会成本，从而实现社会资源的优化配置。体育旅游行业协会作为一种产业中介组织，其协调功能主要体现在政府与企业关系的协调以及企业与企业之间的协调上。体育旅游协会作为同行业企业利益的代表，通过及时向政府有关部门反映行业形势、问题和建议，有效协调政府与企业的关系，在维护企业利益的同时，确保政府的宏观调控，促进企业的发展。

4. 监督职能

协会的一项重要功能是监督职能，监督是对会员的监督。严格有效地监督行业的产品质量、竞争手段和经营方式，提高行业声誉，树立新的行业风格。在小政府、大社会改革的要求下，政府职能正在萎缩，政府职能主要体现在宏观管理上，主要负责制定政策方针和基本方面的社会管理，而在法律保护的前提下，行业的具体监督和管理应由社会管理机构来完成。体育旅游行业协会的监督管理分为日常监督和重点监督，以及对体育旅游执业机构的监督和对从业人员的监督。监管范围包括执业质量检验、业务规范监督和执业水平评估，以及对这一重点工作的投诉调查和处理。通过有效地监督，协会可以改善体育旅游业的形象，逐步提高协会的服务质量和水平。

（二）体育旅游行业协会的发展对策

体育旅游行业协会为了自身发展，需要做到以下两个方面：

1. 行业协会需要健全自身的功能建设，科学发展

行业协会的建设需要加强自身的功能建设。一方面，要增强体育旅游行业协会的服务功能，满足行业发展的需要，通过深入的企业调研，及时为企业提供所需的信息，有针对性地提供服务。随着人们需求的增加，所提供的服务应该越来越广泛，要实现深度和广度的双向发展。另一方面，为了加强体育旅游行业协会的自律功能，体育旅游行业协会应努力规范行业秩序，制定行业标准等。

目前，体育旅游市场需要更加规范地发展，也迫切需要一个更加完善的服务体系。同时，还可以通过协会制定和推广行业规范，组织培训和评价活动，引导体育旅游企业差异化、专业化、连锁化经营，加强体育旅游业自律，促进体育旅游业诚信经营和公平竞争环境的形成。

2. 政府加强行业协会监管，发挥行业协会的中介作用

政府应充分发挥体育旅游行业协会的中介作用，加强体育旅游企业间的合作与交流。首先，应该转变现有依赖政府的行业协会，应该建立由企业家领导的真正的私人行业协会。行业协会应承担资格认证、技术标准、行业标准、价格协调、经验交流等职能。其次，政府可以以行业协会和其他中介组织为基础，制定和实施产业政策，促进组织中各主体意见的相互碰撞、沟通和交流，最终有利于政府产业政策的准确制定。

第三节 企业管理

体育旅游业是一种典型的体验型产业。体育旅游企业提供的体育旅游服务是体育旅游者体验价值的源泉，是支撑区域体育旅游竞争力发展的基础。因此加强体育旅游企业管理是提高体育旅游竞争力的关键。

一、体育旅游企业信息化

（一）体育旅游企业信息化现状

20世纪90年代以来，体育旅游信息化逐渐受到体育旅游政府部门和一些体育旅游企业的关注。文化和旅游部于1990年建立了信息中心，2000年9月正式开通了中国体育旅游网三个体育旅游门户，同时还在建设体育旅游办公自动化系统。进入21世纪，随着竞争的不断加剧，国内体育旅游信息化建设进入了快速发展的轨道。为了争夺庞大的国内体育旅游电子商务市场，各大体育旅游网站纷纷加大投资力度。诸多企业在体育旅游信息化领域进行了尝试，包括体育旅游酒店、航空公司、风景区、旅行社、IT公司等。随着市场分工的日益细化，越来越多的传统产业开始发展电子商务，两者的结合也变得越来越紧密。体育旅游信息化建设浪潮正从北京、上海、广州等一线城市蔓延到其他省会城市和二三线城市。

（二）加快体育旅游企业信息化建设

1. 政府主导创造良好的外在环境

政府部门应加强协调和联盟，为企业开展电子商务创造良好的法律和金融环境。政府应率先组织体育旅游企业、银行、信息产业、法律等有关部门，着力解决电子支付、安全保密、法律认可等亟待解决的问题，以突破体育旅游电子商务的瓶颈。制定电子商务法律法规，确保体育旅游企业在有法可依的环境下开展电子商务。建立统一、权威的体育旅游信息资源库和体育旅游信息库由政府部门牵头，联合行业协会制定电子体育旅游行业标准，在风景名胜区（景区）旅行社、酒店等计算机管理系统的基础上，扩大产业网络，实现资源共享，建立省，乃至全国体育旅游信息资源数据库。

政府部门应引入政策支持。大力推进自主创新，加快高新技术产业发展，重点支持包括体育旅游企业在内的企业网络技术自主创新项目。要充分发挥信息化在体育旅游业中的主导和带动作用，必须整合各种体育旅游信息资源，按照政府主导、统筹规划、政府与企业联系、市场运作、统一标准、资源共享和有序管理的要求，构建覆盖体育旅游业的无障碍体育旅游信息网络。各级组织体系和个性化体育旅游信息服务系统为领导决策、行业管理、企业管理和公共体育旅游提供高效、优质的个性化信息服务，为建设体育旅游城市提供强有力的信息技术支持。

2. 体育旅游企业发展电子商务

体育旅游电子商务是一套完整的体育旅游信息管理系统，可以通过网络商务进行操作。体育旅游电子商务将是体育旅游业未来的发展趋势，它将取代传统的体育旅游管理模式，其主要优势如下：

首先，体育旅游电子商务突破了传统的管理模式和手段，建立了现代体育旅游管理信息系统，避免了传统规模扩张管理的失败和组织的巨大弊端，形成了规范化、产业化、规模化体育旅游发展的新模式。

其次，随着电子商务的发展，体育旅游企业借助互联网快速获取体育旅游产品和体育旅游服务的反馈信息，测试体育旅游者的认知水平，进一步研究体育旅游者的行为和偏好，为他们提供全方位的优质个性化服务。就体育旅游业而言，由于产业价值链的不同地位、经济能力、产业市场和人力资源的竞争地位，电子商务的应用需求、投资能力和应用能力也不尽相同。因此，体育旅游企业在应用电子商务的过程中，应根据企业自身的实际情况，制定出切合实际、科学、合理的电子商务战略，建立个性化、专业化的体育旅游电子商务。

体育旅游电子商务是一种新的商务模式，它不是简单地建立一个宣传网站，而是为了弥补传统体育旅游业务的差距。其定位应满足体育旅游者的需求、体育旅游市场的发展要求、体育旅游产业创新的趋势。体育旅游企业应根据自身的优势和劣势，与传统的体育旅游服务相结合。两者应相辅相成，共同发展，降低体育旅游企业的经营成本，增强企业的核心竞争力。

3. 优化网络信息平台

当前，国内体育旅游企业的信息化已经有了一定程度的发展，一些体育旅游企业已经建立了体育旅游电子商务平台，但能够与当地体育旅游业的价值相匹配、能辐射国内外的大型展示和交易平台仍有待于建立和完善。现有的体育旅游信息化建设水平和体育旅游业务模式，已不能满足我国体育旅游现代化的需要。

因此，体育旅游企业应加大网络信息化建设的力度。首先，加大对体育旅游信息化建设的基础设施投入，加快全面融入我国体育旅游信息系统工程"金旅工程"的步伐，实现地方政府体育旅游信息系统与国家体育旅游信息系统的结合，及时掌握快速变化的信息；其次，建立计算机预订系统、体育旅游地信息系统、银行结算系统、酒店管理系统等新的信息管理系统，实现智能化，加快各体育旅游部门的横向和纵向联系，使游客能够在不出门的情况下完成体育旅游的准备和跟踪工作，实现网上一站式服务；最后，建立体育旅游目的地营销体系，即完善体育旅游产品综合信息查询、体育旅游产品网上销售、游客网上预订、体育旅游统计系统、体育旅游信息调查系统、假日体育旅游预测系统等，各地政府应共同努力，避免各自为战，按照相互吸引、互补的原则开拓区域体育旅游市场。体育旅游市场的整体营销将比单一城市或景区的宣传推广力度更大，各经济区应共同努力建立体育旅游目的地的营销体系，进而创造出范围广泛的体育旅游名城和景区。各经济区还应该推出最具代表性的优质航线，提升体育旅游目的地形象，打造知名品牌。

4.传统体育旅游企业转型网络化经营

随着信息技术的发展和体育旅游者需求的变化，体育旅游企业必须改变以往的营销观念，建立自己的内部业务处理和管理信息系统，建立面向不同人群的电子分销系统和体育旅游者网上销售系统，创建、开发、巩固和提升自己的品牌，实现大规模网络化管理。对于不同规模的体育旅游网站和企业，中小型体育旅游企业可以走"民营市场"的道路，利用体育旅游代理商的资源优势和知名度开拓国内外市场；大型体育旅游企业可以采用"网络与社会相结合"的方式开辟体育旅游网站并将其作为新的渠道，投入人力和资金改善互联网上的服务，树立国内国际知名品牌形象。

二、体育旅游企业品牌化

（一）体育旅游企业品牌化现状

近年来，政府体育旅游部门和一些体育旅游企业一直在探索品牌经营的道路。

第一，城市体育旅游名牌，创造特定城市的体育旅游口号和体育旅游形象。例如，大连是"浪漫之都，中国大连"，三亚是"天涯芳草，海角明珠"等。或直接以景区命名，如"黄山""赤壁""香格里拉"等，从而更好地促进体育旅游业的发展。第二，体育旅游景点的品牌建设。自1982年起，国家陆续公布了多个重点景区，如杭州西湖、桂林漓江、浙江普陀山、江西庐山、云南丽江等，这些景区已成为中国的主导品牌景点。在主题公园方面，深圳华侨城、杭州宋城、苏州乐园等主题公园都在探索品牌之路。第三，在旅行社行业，我国的旅行社也培育出了一批具有影响力的品牌企业，如中国旅行社集团、上海春秋旅行社、香港中旅集团、中国青年旅行社、广州旅行社等。第四，在酒店行业中，有一些本地连锁酒店，如上海晋江、广州月海、南京金陵等。这些全能品牌虽然开发体育旅游的时间相对较短，但已取得了初步成果。

（二）体育旅游企业品牌发展趋势

目前，品牌竞争正逐渐取代价格竞争和产品竞争，成为最特异的竞争手段。就塑造品牌的核心竞争力而言，往往要依靠高质量的服务，使游客在消费体育旅游产品时，收获体育旅游体验和感知。体育旅游产品生产和服务全过程的质量保证体系，以及高质量的服务态度、服务模式、服务语言、职业道德、服务项目、服务设施等，可以使游客对企业产生信任感，提高满意度和回客率，从而提高品牌的附加值，扩大品牌的影响力。

体育旅游产业集群是体育旅游业的发展趋势。体育旅游产业集群可以促进体育旅游产业创新，形成区域体育旅游品牌，提高区域体育旅游竞争力。

1. 强化品牌意识

品牌是建立在一系列管理模式和管理机制上的，品牌建设和品牌管理是非常重要的。强化品牌意识，建立统一品牌，以品牌为纽带，以文化为灵魂联合推广，优势互补，统一机制，不断拓展其业务领域和服务范围。体育旅游企业的多元化发展往往采用统一的名称、标识和口号，进行统一的宣传、推广、营销和售后服务，有利于扩大体育旅游产品的知名度，提高体育旅游的影响力和声誉。

2. 企业品牌的准确定位

体育旅游市场定位是体育旅游企业的设计和承诺，从而在目标客户心目中确立独特而有价值的地位。例如，迪士尼主题公园被定位为"有趣的家庭娱乐"；

广州长隆主题酒店位于野生动物公园的中心，突出生态特色，以吸引更多的游客；南湖公园将体育旅游定位"西部假日"实现差异化营销。体育旅游企业通过科学的市场定位，选择合理的战略渠道，创造特色产品，注重发展核心竞争优势，以实现企业目标。

3. 体育旅游企业集群发展

大型体育旅游企业可以整合体育旅游酒店、旅行社、景区、交通、休闲度假、会展、体育旅游商品生产等相关企业，建立体育旅游集群，建立统一品牌，依托品牌实现多元化、集团化、连锁化、网络化发展道路，不断扩大经营范围和服务范围。

4. 加强市场推广

体育旅游品牌营销应与综合营销相结合，以达到更好的宣传效果。综合营销是指综合运用体育旅游广告、人员营销、公共关系、商业推广等多种形式的促销活动，是对主流媒体新闻报道、宣传广告、体育旅游展览、展览会、节日活动等各种促销形式的整合和利用。无论是旅行社、体育旅游酒店，还是景区整合营销传播，都是最现代的营销工具，两者的结合是提高体育旅游目的地品牌和体育旅游企业品牌知名度的有效途径。

5. 提高诚信经营的商业信誉

面对庞大的体育旅游市场和激烈的市场竞争，各大体育旅游企业打起了一场大的价格战，一些旅行社甚至以"零付团费"组织吸引消费者，造成了一系列诚信问题。基于此，很多城市的体育旅游业同行签署了"诚信公约"，鼓励发展诚信业务。加大体育旅游市场整顿力度以及体育旅游质量监控力度，工商、公安、交通、城市管理等政府部门不定期组织开展体育旅游市场"黑社会、黑导游、黑车"清理活动。此外，监督和督促相关企业在经营活动中，要坚持诚信，发挥主导作用，进一步完善和规范经营行为，为当地诚信体育旅游品牌建设、和谐体育旅游建设作出更大贡献。

三、体育旅游企业集团化

（一）体育旅游企业集团化之路

目前，我国体育旅游业正在实现由规模经济向制度经济的转变，并逐步进入资源整合时代。体育旅游业发展不再是单纯的规模横向扩张，而是区域经济的结合，充分整合各种资源，实行集团化经营。

（二）体育旅游企业集团化发展思路

1. 政府的指导和支持

由于市场的外部性和体育旅游业的开放性和竞争力，政府对体育旅游业的引导和扶持显得尤为重要。政府部门要运用强有力的行政手段，在高层次、市场化的基础上，进行资产重组、兼并和扩张，同时积极支持优势企业集团的发展，加大资本投资，加强监管。此外，应整合体育旅游相关产业，实施集团化经营战略。政府应结合当地的实际，加强"软环境"建设，如放宽对体育旅游业的限制、打破地域限制；简化政府机构，避免部门职能交叉，建立和监督私营体育旅游行业协会，加大企业发展力度等。要实现体育旅游业集团化经营，必须努力做好体育旅游业集团化管理工作。

2. 充分发挥市场的基础性作用

体育旅游企业要实现集团化发展，除了要解决资金和人才问题，还需要良好的发展环境。这就要求体育旅游管理部门、体育旅游企业和体育旅游参与者共同努力，维护体育旅游市场，包括政府部门禁止垄断、减少一些限制性政策、降低行业门槛、无论企业集团规模大小都要实施同样的政策；体育旅游企业坚持公平竞争原则，优化质量，诚信经营，确保市场的正常运行。

3. 建立现代企业制度

当前，许多体育旅游集团是由体育旅游企业以合同形式联合组建的。这样的体育旅游集团组织不紧密，整个集团庞大松散，企业缺乏核心控制，综合资源优势难以充分发挥。因此，在集团整合过程中，首先要考虑各体育旅游企业的优势和劣势，建立产权清晰、责任明确、政企分开、科学管理的现代新企业制度，实现所有权、经营权和管理权的分离，改革现有的管理体制，建立有效的管理机制，实现长期可持续发展。

4. 加强资本纽带联结

企业集团管理的本质是资本管理，资本管理也是最有效的管理方式。推进体育旅游企业资本管理，鼓励体育旅游企业发行股票，开展收购、兼并等产权交易。

以资本为纽带,体育旅游集团可以通过股权扩张融资、并购、破产清算、债务重组等方式筹集更多的资金,以实现体育旅游企业集团化发展。

第四节　协同治理

一、体育旅游产业竞争力提升的创新驱动机制

(一) 科技创新

1. 科技创新是体育旅游产业发展的核心动力

在 21 世纪的今天,科学技术的地位越来越高,在社会各个角落都能看到科技的身影,可以说现代科技已充斥人们的日常生活之中。当前科学技术在每个领域都得到了广泛的应用,因此体育旅游产业的发展也要高度重视科技创新,这是推动体育产业快速、持续、健康发展的重要动力源。

2. 科技创新提高体育旅游产业发展的竞争力

体育产业在发展过程中受到了现代科技的推动,在现代科技的推动下,体育产业才获得了快速发展。对于体育旅游产业而言,发展趋势也将如此。在未来的发展中,各体育旅游企业要时刻把握市场发展的脉搏,以消费者需求为出发点,设计与开发出创新的体育旅游产品,从而建立市场竞争优势。总的来说,体育企业未来发展前景在很大程度上取决于其是否具有良好的研发设计能力和科技创新能力。只有加强科技创新,才能提升自身的影响力,在激烈的市场竞争中占据一席之地。

3. 现代信息技术开拓体育产业发展空间

随着现代社会的不断发展,信息技术在各个领域都得到了广泛利用,也逐渐成为体育旅游产业创新与发展的重要动力。依托现代信息技术,促进体育旅游产业的信息化、技术化、知识化发展,能有效突破传统信息交流渠道和障碍,进而促进体育旅游产业的健康发展。发展到现在,信息技术已逐渐渗透到体育旅游产业的各个层面,并在其发展中扮演着越来越重要的角色。因此,作为体育旅游产业的管理者,一定要利用业余时间想方设法地提高利用信息技术的能力,提高体

育旅游产业发展的科技含量,为体育旅游产业的发展构建一个科学、完善的信息平台,在这一平台之上,体育旅游产业才能获得健康、快速的发展。

4. 大数据时代推动体育科技创新

随着现代信息技术越来越广泛地运用,人类社会获得了快速的发展。在体育领域,信息技术也得到了广泛的利用。如大数据的运用为职业体育俱乐部、体育赛事组织、体育科学研究等提供了诸多便利,利用现代科学技术创造出的各种体育科技产品、体育健身器材等也深深吸引着广大体育爱好者,成为体育产业重要的消费人群,促进了体育产业市场的发展。对于新兴的体育旅游产业而言,在当今时代背景下,也要充分利用信息技术,设计出符合时代发展的体育旅游产品,逐步提升体育旅游企业的影响力,这样才能获得更大发展。

(二)观念创新

1. 改变传统观念,不断学习新知识

如今,体育旅游产业已深受人们的关注,其发展迎来了一个良好的契机。为促进体育旅游产业的发展,我们必须真正认识到体育旅游产业的深刻内涵与价值。为推动体育旅游产业的健康发展,相关从业人员就需要不断加强体育信息、体育理论旅游理论与常识等方面知识的学习,从而为体育旅游产业的管理奠定必要的理论知识基础。

2. 树立政府服务和扶持基本理念

我们要树立新的体育旅游产业发展理念,建立一个以市场经济、社会需求为导向的科学发展体系。在这一体系之下,政府部门要充分发挥自己的主动性,不断提高各部门服务的效率和质量,构建一个健全和完善的体育旅游产业服务体系,并不断丰富这一体系的内容,从而为我国体育旅游产业的发展提供良好的保障。

3. 构建大众创业、万众创新的文化空间

在现代社会背景下,我们要始终坚持理念创新,努力构建一个大众创业、万众创新的体育文化空间,不断加大体育旅游产业的投资力度,革新经营与管理模式,为我国体育旅游产业的发展营造一个良好的发展空间,提升我国体育旅游企业的影响力,提高体育旅游产业在国民经济中的地位。

（三）制度创新

大量实践证明，体育旅游产业需要一定的制度做保障，否则就难以获得健康的发展。因此我们必须加强制度创新，为体育旅游产业的发展创造一个良好的制度环境。建立新的制度体系能改变以往不符合时代发展的做法，能充分调动各方面的力量形成一个良好的生态发展环境，从而为体育旅游产业的发展奠定良好的基础。

加强制度创新，我们需要注意以下三个方面：

1. 构建产学研合作创新的资源配置机制

体育旅游产业属于体育产业与旅游产业的高度结合，要想促进其进一步发展，就要充分利用一切可以利用的力量。除了政府提供必要的支持，还要加强与社会各部门之间的联合，如与高校、社会企业、各类体育组织等部门展开密切的合作与交流通过整合各类体育资源，构建产学研合作创新的资源配置机制，逐步扩大体育旅游产业的规模，提升其在其他国家和地区的影响力，实现可持续发展的目标。

2. 创新体育举国体制

首先要转变思想，加强体育体制的创新。我国体育旅游产业的相关部门要积极响应国家的号召，利用创新驱动机制，建立起有利于体育旅游产业发展的政策和制度。在新的发展机制下，要迅速地整合社会资源，努力实现体育旅游产业发展的目标。

随着现代社会以及体育事业的不断发展，我国体育相关部门要及时转变自身职能，构建一个健全和完善的产业制度体系，加强产业服务创新，这样才能极大地推动体育旅游产业的发展。

3. 创新体育产业人力资源开发机制

如今人们的物质生活水平得到了极大的改善和提高，这为人们参加体育旅游活动创造了良好的经济基础。而在当前全民健身大浪潮的推动下，每年参与体育旅游消费的群众都在增加，这也为体育旅游产业人才的发展创造了广阔的空间。

目前，我国体育旅游产业相关的岗位人才都比较欠缺，需要大力挖掘与培养。为培养一大批高素质的体育旅游产业相关人才，我国政府相关部门要制定一定的优惠政策，引导和鼓励更多的人才进入体育旅游行业，同时还要加强高校教育体制改革，培养新型的体育人才，为我国体育旅游产业的发展创造良好的人力资源基础。这样才能推动我国体育旅游产业健康持续发展。

（四）服务创新

1. 构建外部与内部营销的服务创新机制

体育旅游产业的发展涉及各方面的因素，每一个因素都是非常重要的，在今后的发展过程中，体育旅游企业要根据体育产业的发展形势构建全新的服务创新机制和健全、完善的体育旅游产业制度体系，这样才能促进体育旅游产业的健康发展。

在体育旅游产业外部营销服务方面，应以顾客导向为基本原则，加强顾客与企业之间的密切联系，完善体育产业的各项服务，努力提升体育产业服务质量，提升体育旅游产业的竞争力。

在体育旅游产业内部营销服务方面，要不断增强员工的服务意识和能力，采取必要的奖惩手段，对于优秀员工要给予必要的奖励，对于不合格的员工要给予必要的处罚。只有从体育旅游产业内部员工入手，才能很好地提升体育旅游产业服务质量，进而提升体育旅游产业的影响力，促进其进一步发展。

2. 构建弘扬民族文化的服务创新机制

加强体育产业的服务创新，离不开民族传统体育的发展。在现代社会背景下，弘扬传统文化是非常有必要的。民族传统体育作为我国传统文化的重要内容，理应受到重视。而在当今市场经济背景下，民族传统体育可以成为体育产业经济的重要内容，民族传统体育市场的发展对于我国整个体育产业的发展也有着极为重要的意义。

二、体育旅游产业竞争力提升思路与对策

（一）体育旅游产业竞争力提升思路

体育旅游产业在发展的过程要遵循一定的客观规律，循序渐进地发展，不要急于求成，只注重眼前的利益，而是要将目光放长远，追求体育旅游产业发展的长远利益。除了遵循基本的发展规律，体育旅游产业的发展还离不开必要的创新，这样才能进一步提升其竞争力，在市场上站稳脚跟，谋求发展。

1. 更新发展理念，加快体育旅游产业化发展进程

体育旅游产业创新发展是一项大工程，绝不是一件简单的事情。在发展过程中，首先就要转变旧思想，树立发展的新理念，采取必要的措施和手段提高体育旅游产业发展的产业化水平，将体育产业看作一个重要的经济部门，确立体育旅游产业可持续发展的战略，不断推进体育产业发展的进程。

2. 深化体制改革，促进体育旅游产业健康发展

为进一步促进我国体育旅游产业的发展，我们必须结合当前形势做进一步的改革，对于体育部门而言，要依据如今体育产业发展的现状进一步深化体制改革，为体育旅游产业的发展构建一个科学有效的管理体制的同时，还要加强体育旅游产业制度及相关政策的完善与发展，这样才能保证体育旅游产业获得持续健康的发展。

3. 构建体育旅游产业发展的指标体系

我国体育产业发展至今已成为我国国民经济发展的一个经济增长点，体育产业越来越受到重视。而作为体育产业的重要内容，体育旅游产业的发展也要重视起来。体育旅游产业的发展一方面是国民经济增长的需要，另一方面也是其自身发展的需要。因此，客观评价体育旅游产业发展的现状，制定一个体育旅游产业发展的科学指标体系，对于体育旅游产业的可持续发展具有重要的意义。但需要注意的是，建立的体育旅游产业发展指标既要符合实际，又要有远见，发展指标要科学和合理。

4. 培养一大批优秀的体育产业人才

为推动我国体育旅游产业的发展，还必须大力挖掘与培养体育产业人才。我们可以采取以下措施来培养体育产业人才。

第一，在高校中开设体育管理专业，培养一批高质量的体育产业经营与管理人才。

第二，通过培训班、会议交流等形式加强我国体育高级管理人才的培养。这样才能进一步推动我国体育旅游产业的健康持续发展。

5. 发展大型体育旅游企业，走品牌化发展道路

在全球一体化发展的今天，我国政府相关部门要制定一定的扶持政策和制度，鼓励优势体育旅游企业走出国门，走国际化发展道路，创立独具特色的体育旅游品牌，进一步提高体育旅游企业的影响力，逐步缩小与发达国家之间的差距。

6. 建立和形成优势产业链，以优势带动弱势发展

我国的体育产业有一些优势产业门类，如体育产品制造业等。因此，我们可以重点优先发展这方面，并将其做大做强，形成一定规模，严格按照"一区一圈一带"三个区域发展，在市场经济体制下，企业间既可以相互合作和竞争，又可以相互促进，使优势产业做大做强，并带动弱势产业发展。

（二）体育旅游产业竞争力提升的对策

在现代社会背景下，体育产业以其前所未有的速度快速发展着，这为体育旅游产业的发展营造了一个良好的环境。在未来的发展中，体育旅游产业要紧跟时代发展的步伐，采取各种手段与途径提升体育旅游产业市场的竞争力。在新的时代背景下，我们可以采取以下对策来提升体育旅游产业市场的竞争力。

1. 不断加大体育旅游产业的扶持力度

体育旅游产业属于一个新兴的第三产业，是体育产业与旅游产业的结合体，其系统也是非常复杂的，这一系统的发展需要各方面的支持，除了政府部门的扶持，还需要各种社会力量的帮助。在国家及地方部门、各社会力量的扶持下，体育旅游产业市场体系才能逐步完善，从而获得健康发展。在体育旅游产业发展的过程中，必须有一个支柱型产业作为发展的主力，支柱型产业在整个产业系统中占据重要地位，能为其他产业部门的发展起到良好的带头作用。比如当今体育赛事旅游、冰雪体育旅游的发展势头较好，可以多打造相关支柱性行业，从而为其他行业的发展提供借鉴。

随着我国社会主义现代化建设的逐步进行，我国社会经济发展非常迅速，目前已成为仅次于美国的世界第二大经济体，这就为我国体育产业的发展奠定了良好的经济基础。我国政府部门及体育相关部门要结合当前我国发展的具体形势，在充分调查体育产业市场发展现状的基础上，优先发展一批体育旅游产业的支柱性行业。同时，政府及地方各部门要努力为这些产业部门的发展创造良好的基础和条件，先发展起来的带动后发展的，从而实现共同发展的目标。

2. 提高各类体育旅游产品的核心竞争力

在新的时代背景下，要想进一步提升我国体育旅游产业市场的竞争力，就需要采取各种手段与措施逐步提高各类旅游产品的核心竞争力，这一点至关重要。

大量的研究与实践表明，利用各种现代高科技手段，能促使各类体育旅游产品的生产、品质、销售等得到有效提升。要进一步提升我国体育旅游产业的核心竞争力，就要大力发展科技，提高体育产业的科技含量，这需要引起政府部门及体育旅游企业的高度重视。

3. 宏观政策引导各地区体育旅游产业均衡发展

由于体育旅游产业在很大程度上依赖于区域的旅游资源，因此在产业发展的不平衡性上表现得尤为明显。为此，相关部门要制定有针对性的政策，如税收倾斜资金扶持、制定体育旅游产业战略规划等都是有效的策略。

除此之外，我国政府部门还要制定相关文件和政策，鼓励体育产业发达地区带动落后地区，从而实现各地区体育旅游产业均衡发展。

第五章　我国地区体育旅游发展路径研究

本章主要介绍了我国地区体育旅游发展路径研究，包括环渤海地区体育旅游发展研究、长三角地区体育旅游发展研究、粤港澳大湾区体育旅游发展研究、海南自贸港海洋体育旅游发展研究、成渝双城经济圈体育赛事旅游发展研究、东北地区体育冰雪旅游发展研究、中部地区体育康养休闲旅游发展研究、西部民族地区体育特色旅游发展研究。

第一节　环渤海地区体育旅游发展研究

一、环渤海地区体育旅游发展的整体现状

（一）利用自然资源开展体育旅游

存在于自然界且与体育活动密切相关的，经过开发与利用后对体育旅游者具有吸引力的资源就是体育旅游自然资源。总的来说，自然资源分为两种类型，即地貌资源和水体资源。

我国环渤海地区黄金海岸线较长，岛屿较多，海岸上沙细滩平，风光优美，当地旅游企业以这些自然优势为依托，对沙滩足球、沙滩排球、龙舟、木球、铁人三项、健美、街舞、攀岩、轮滑、帆板、滑水、帆船、公开水域游泳等运动项目进行了开发。现在，沙滩休闲体育旅游已经成为环渤海地区居民的一种新时尚，其深受体育旅游爱好者的青睐。

环渤海地区海滨城市较多，如青岛、烟台、威海等，很多海滨城市不仅修建了独具特色的高尔夫球场，而且向游客提供相配套的星级酒店服务和餐饮服务，旅游者在来到这些城市参与体育旅游的过程中可以全方位地享受高质量的服务。

环渤海地区还有各种大小名山，仅山东就有黑峪山、五莲山、沂山、泰山、

五峰山等,这些山分布在山东省的东部与南部地区。当地利用这些资源,对攀岩、登山、定向越野、野外生存、滑翔等体育旅游项目进行了开发,旅游者参与这些旅游项目,能够与大自然亲密接触,这些项目为旅游者提供了回归大自然的机会。

环渤海各省还分布着大量的峡谷、岩洞,风景秀丽,十分迷人。此外,山东省还有众多湖泊以及世界独有的"千泉之城",这些共同构成了优美的湖光水色。当地利用这些自然资源,对穿越、探险、溜索、漂流、划船等体育旅游项目进行了开发。

鲁西北地区还有面积广阔的大平原,风光优美,独具特色,当地利用这一资源对骑马、骑车、放风筝、民族传统体育旅游项目进行了开发。

(二)利用人文资源开展体育旅游

人类社会活动中的体育元素经开发利用后,能够吸引体育旅游爱好者的各种资源就是体育旅游人文资源。体育旅游人文资源反映了人类历史文化的变迁,反映了民族民俗风貌,人类在漫长的历史长河中所创造的物质财富、精神财富以及当今人类社会的各个侧面等都能够在体育旅游人文资源中得到不同程度的反映。人们可以有意识地对体育旅游资源人文景观进行创造,这是人文体育旅游资源与自然风景体育旅游资源的主要区别之一。依托人文体育旅游资源,可以对体育博物馆、体育场馆、运动乐园、体育运动中心等进行建设,可以举办大型体育赛事、体育节和民间传统体育活动等特色鲜明的体育文化活动。这些场馆与活动还可以促进体育旅游内容的丰富,吸引大量的游客,能够使体育旅游参与者的求知、求新、求奇、求异、求乐的旅游需求得到最大程度的满足。

环渤海地区分布着大量的名胜古迹,而且出了很多历史名人。以山东为例,山东省有很多有价值的文化资源,如水浒梁山、三孔遗迹、蒲翁聊斋、古代战车、泰山岱庙、太白古楼、五峰道教、灵岩佛塔、运河会馆、秦桥遗址、蓬莱仙阁、风筝之都、牡丹之乡等。山东靠海,所以有一些反映渔家风情的文化资源,如粗犷奔放的胶州秧歌、胶东的祭海仪式等。而高密的剪纸、潍坊的风筝等又散发着浓厚的农耕气息。

山东青岛几乎每年都会举办风筝放飞赛、崂山登山节、动力伞和滑翔伞锦标赛、舞龙舞狮等活动,这些活动对中外游客产生了巨大的吸引力,体育旅游爱好者慕名来到此地进行观光、体验和旅游。另外,青岛还对帆船游艇俱乐部进行了建设，俱乐部常年开放，主要开展海上体育运动，如驾帆船出海、渔岛垂钓等。

近些年，山东省依托本地的体育旅游人文资源对体育旅游活动进行开展，使本地体育旅游得到了快速的发展。山东省对泰山国际登山节、潍坊国际风筝节、"好运北京——2006青岛国际帆船赛"、470级帆船世界锦标赛、第11届全运会、全国沙滩手球锦标赛等各项体育赛事进行了组织与举办，国内外大量的运动员、教练员前来参加比赛，众多的体育旅游爱好者也纷纷来此地观看比赛，这些有力促进了环渤海地区体育旅游品牌形象和知名度的提升。

二、环渤海地区体育旅游协同发展策略

（一）进行规划，提高质量

为了进一步发展环渤海地区的体育旅游业，提升环渤海地区的协调发展水平，由三省一市共同合作出台了《环海滨体育旅游发展规划》，此规划对环渤海地区的旅游体育发展意义重大，它提供了环渤海地区发展的整体纲要，打破了各个地区旅游体育的行政区划阻碍，为整体地区旅游体育的发展提供了政策平台。在环渤海地区的旅游体育可以通过发展海滨体育旅游联盟，或者不断召开旅游体育相关会议，使旅游体育发展成为地区发展；通过更多的政策扶植，大大增加了体育与旅游的结合力度，发展综合活动项目，吸引更多客户，为其提供更具吸引性的项目。除此之外，通过重大事务的共同商议，确立更好的会议制度。在发展方面可以通过发展环渤海地区的赛事品牌，将更多体育项目赛事引入环渤海地区，将环渤海地区走向世界，吸引更多的世界游客。环渤海地域有着众多的优势，相关部门可以利用环渤海地区的沙滩、岛屿、海滨等自然风光，以及独特的历史遗迹、独特的海鱼文化、特色的当地民俗等人文文化来打造当地独特的旅游形象。政府相关部门应出台更多的政策吸引更多对于体育旅游的投资，只有让更多的人参与到体育旅游的投资与建设当中，才能树立起良好的旅游品牌与世界形象。同时，政府也要着手建立体育旅游示范区，不断提升体育旅游的质量，要走高质量的精品体育旅游路线。

（二）推进滨海体育旅游产业融合

充分利用海洋、湿地、沙滩、海岛、森林等优势资源，打造滨海运动休闲小镇、

海洋精品旅游路线、体育产业园、海洋运动项目示范基地，开展滨海娱乐、自驾露营、山地户外、低空飞行、邮轮游艇、海洋康养等体验、度假休闲项目，丰富体育与旅游内容体系。例如，户外用品行业领军企业探路者集团与威海市西霞口旅游控股有限公司共同打造的户外运动海滨主题公园，是国内规模最大露营地项目，不同于以往传统旅游和自驾旅游，该露营地融入了更多旅游体验元素。

环渤海地区的自然资源是发展体育旅游的关键内容，环渤海地区最独特的就是其海滨资源。因此，政府要鼓励建立海滨与体育旅游的结合项目，充分利用环渤海地区的海洋、沙滩、海岛、湿地、海滨等自然风光，用这些优势资源打造出既包含休闲娱乐，也包含充足的体育内容的小镇，如体育产业园与海洋运动综合基地等。通过与自然资源的结合，环渤海地区可以开展的项目丰富多样，如环海岛游、海滨露营、低空滑翔、潜水体验、游轮度假等相关项目。但是，在项目进行时一定要确保游客的安全，将安全放在第一位。除了开展一些单一项目，还可以打造综合的海滨体育旅游项目乐园，让游客体验到综合、丰富、高质量的体育活。例如，环渤海地区的户外运动海滨主题公园，是我国现有的最大露营地，它将独特的海滨风格融入许多传统项目中，如自驾游、露营等，极大地丰富了游客的体验，起到了良好的海滨资源与体育旅游的结合效果。

（三）重视复合型体育旅游人才培养

无论是什么样的项目，人才都是其发展的重中之重，体育旅游也不例外。因此政府要与各高校达成相应的合作，争取让高校培养更多的人才从事环渤海地区的体育旅游发展，各高校的专业涉及此内容的并不多，可以让高校新增水上运动、沙滩运动与水下运动等海滨运动的相关人才的培养。除此之外，还可以寻求国外的相关人才。欧美一些发达国家，相关的体育项目发展较早，有很多的水下、水上和沙滩运动的专业人才。因此，我们可以招募国外的人才，让其直接参与相关项目内容，或者聘请其帮助我们培养人才，这都可以对我国的体育旅游事业提供帮助。

（四）实现环渤海区域体育旅游共惠

加强合作并采用新的合作模式。比如，如果能将大连、秦皇岛、天津、烟台这四个城市形成条带状的综合合作区域，则可以大大加速环渤海地区的旅游建设。同时，由于这几座城市的自然风光也有着极大的不同，可以使游客有着截然不同的体验，这不仅提高了体育旅游的质量，而且对游客具有更大的吸引力。还可以通过企业之间的资源整合形成连锁经营的综合体育旅游服务，政府可以主导企业整合，提供连锁项目经营模式，这样既保证项目的品质。也能让游客在不同的环渤海城市体验到各种项目。同时，除了体育旅游业，还要注重其他相关产业的配套发展，如餐饮产业能否提供独特海滨特色的相关服务、交通相关产业是否提供了便捷的交通服务等。努力打造综合性强的体育旅游产业，并建立相关协会对体育旅游内容进行指导，最终使体育旅游产业更上一层楼。

（五）推进智慧滨海体育旅游建设

随着社会的进步与科技的发展，高新技术已经应用到多类产业的方方面面，新的科学技术为各产业带来了极大的便利与发展。因此，体育旅游产业也应当结合信息技术来发展成为更加现代化的产业。比如可以推行智慧旅游区项目，建立智慧景点与体育与旅游相结合的数据中心，用直观的数据向游客们反映游玩的乐趣等。在建设过程中可以结合QQ、微信、微博等社交工具的方式，开展更多的体育旅游信息科普，向更多人介绍环渤海地区的体育旅游产业，如在介绍中配以相关体育旅游项目的照片、视频等吸引更多的游客。还可以通过这些媒体软件为游客提供安全引导，当预警到自然威胁与灾害时，可以通过这些信息软件及时地向游客们发出预警，减少游客的人身与财产损失。除此之外，许多运动尤其是水上水下运动的进行会采用大量的装备，如船、帆、伞、艇、绳等，这些装备的制造业同时离不开高新技术，新的技术可以使这些装备做到价格越来越低、性能越来越好，以此不断提高游客的游玩与体育体验。同时，还可以引入VR与AR技术让游客们体验各种体育旅游项目。一些活动存在一定的技术性与风险性，导致许多游客体验但又无法参与，为此可以用现代技术让游客在安全的环境下体验到他们无法实际参加的项目。

（六）推动公共服务供给侧改革

除了以上内容，政府还应当打造生态体育旅游，创造出能给游客积极良好体验的风景，政府还要积极践行可持续发展，在各个体育项目、交通、餐饮等内容中实行低碳绿色旅游。政府还可以将体育旅游与当地文化、医疗、互联网等技术融合，进行旅游产业升级，制定相关资源标准，为游玩的游客提供更好的服务。

第二节　长三角地区体育旅游发展研究

一、长三角地区体育旅游一体化发展现状

(一)长三角地区的发展背景

长三角地区是长江入海口形成的三角洲及其周围的地区，由于靠近长江交通便捷，经济发展水平极高。长三角地区人口众多，是我国发展迅速的地区之一，长三角的各个城市发展较强且发展速度依旧在加速，在带动了我国东部地区的发展中起到极为重要的作用。在现今，长三角的各项产业仍然在高速发展，且长三角的一体化发展也是其发展趋势。

(二)长三角地区体育旅游业的有利条件

1. 旅游合作成为长三角经济一体化发展的主体力量

长三角地区自然风光独特，不仅临河还临海，具有极强的旅游产业发展实力，长三角各个城市发展水平高，其组织化程度强，是我国旅游业发展的重要场所，此地域拥有众多的优秀旅游城市和 AAAA 级风景区。随着社会的发展，人们对长三角的自然风光和人文历史都产生了极大的旅游热情。因此，上海与南京等多个城市不断加深合作，共同发展旅游产业，并宣布要建立合作式的旅游体系。

2. 体育旅游资源丰富

随着社会的发展，越来越多的技术不断地改变着人们的生活，"体育旅游"在现今已经有了更多的内涵与更新的特点。比如，体育现今已经与潮流健身行业紧密地结合起来，不仅是青年人对体育感兴趣，就连中老年人群中同样很流行以体育来健身。因此，长三角地区很早就捕捉到了时代发展的趋势，如：浙江省就结合国家的发展要求，开展了各种体育旅游的项目；舟山开展过面向游客的野外生存训练，这种项目受互联网的影响，人们在网上了解到许多野外生存的人物，因此对于实际野外生存很感兴趣，这种项目会比真正的野外生存简单许多，但依旧可以为人们提供大量的野外生存知识与良好的野外生存体验，既保证了游客的安全，又满足了游客的体验需求。同时，此类项目还能使人们更进一步地感受自

然，长三角的人们长期生活在城市，即使想要体验自然风光也大多只能前往农村等地区体验相关田园风光，通过野外生存训练，人们可以真正感受大自然的力量，做到回归自然。此外，杭州市为了与世界接轨，发展了许多体育运动并举办了相关活动，如自行车比赛、马拉松比赛等；湖州也着重开始打造自身的城市品牌，湖州选择的是极限运动，希望将自身打造成以极限运动为代表的都市，并已多次举办极限运动相关的比赛、活动。现代的体育运动，尤其是在长三角这种经济发达的地区，可以以科技的力量更好地发挥人们的内在潜力，会更好地体验运动。除此之外，运动还能让人们更好地与自然结合，充分发挥人的主动性去保护自然、热爱自然。

所以，长三角地区可以充分地把握自身的经济、自然、人文条件的优势，将自身优势与体育旅游业结合，为体育旅游业的发展提供最好的发展平台。同时也可以用体育旅游业反哺长三角地区的经济、文化、自然。体育旅游是很好的新兴产业，有着良好的发展前景，而且体育旅游对自然的依赖性强，因此体育旅游产业更不会破坏自然，反而会大力保护自然，同时体育旅游会让更多的人接触并爱上运动，塑造独属于长三角的体育文化。

二、长三角地区体育旅游一体化发展思路

长三角的发展与国家经济综合水平有着密切关系，甚至可以说长三角的经济关乎着全中国的经济发展，因此长三角的经济发展必须注重合作，只有合作才是经济快速发展进步的根本。

（一）打破原有的行政体制的束缚

首先，要积极开展长三角整个地区的合作式发展，合作才是长三角地区经济发展的唯一出路，也是长三角地区这些年发展的经验；其次，将长三角的发展定位更加明确，根据市场的发展规律，建立适合长三角地区的发展体制。只有将传统的观念与体制彻底冲破，建立新的秩序才能彻底打破区域与行政区划对地区发展的限制，最终促成长三角地区的综合性合作发展，带动整个地区经济的一体化发展。经济的一体化就是将地区内部的资源进行配置，确保各资源在最有利于发展其价值的地区进行资源配置，同时确保资源的流动性，充分发挥市场的功能。

因此，长三角地区要进一步深度合作，摒弃地方保护主义的思想，保持合理的竞争意识，但不能让竞争意识破坏合作意识。还要进一步优化区域内的资源配置，加强地区的整体市场性，长三角地区间要做到取长补短，共同发展；要做到既有竞争，又有合作，最终实现区域的综合发展，提升地区的整体竞争力。

（二）加强长三角区域体育旅游经营的联动发展

想要综合发展产三角的体育旅游一体化就要先沟通交流，将各地区的体育与旅游资源进行整合，以地区的视野综合布置资源，以其最好的效果对地区的体育旅游产业进行发展。当然，在一体化的同时也不可忘记地方特色，在有特色的地区也要突出其地方特色，打造特色旅游、体育产品，建造既有整体性，又有地方特色的长三角综合旅游区域。还要加强长三角地区的基础体育设施建设，让人民群众都爱上体育运动，让游客在游玩的同时感受到地区的体育文化气氛，更愿意在旅游的过程中体验体育活动。同时，建立合理的休闲区域，体育离不开休息，在游客参与体育活动之后也要确保其休息环境。加强体育旅游的产业化与连锁化。长三角地区各城市都有着临海、临江的特色，可以根据其共同的地方特色在城市间建立起连锁的体育活动产业，这样可以既可以保障体育与旅游业的结合质量，也可通过连锁设施引起游客对其他城市体育旅游的乐趣，再加上长三角地区交通便利，游客在城市间的往返极为迅速，更是增强了长三角地区城市间共同发展旅游业的效果。综上所述，可以考虑在江、浙、沪建立起统一的旅游体育产业区，促进长三角的体育旅游共同发展。

（三）注重体育旅游人才培养

长三角地区有着丰富的资源与特殊的经济地位。因此，很多人都对此地区有着深深的向往。长三角地区的旅游产业依旧有着很大隐藏潜力，可以开发的体育资源也是数不胜数。因此，必须培养相关人才来进一步提升长三角地区的整体体育旅游水平。体育旅游的专业人才是体育旅游产业发展的基础与支撑，想要体育旅游产业良好地发展就必须大力培养体育旅游的相关人才。体育旅游的专业人才可以做到熟知旅游业、体育业，更能将二者合理串联在一起，做到发起体育旅游、宣传体育旅游、组织体育旅游的一体化。此外，体育旅游的参与者大多是体验风景的游客，他们没有扎实的专业技术与意识，而且体育旅游活动往往带有一定的风险性，这样就需要专业人才和专业设施降低风险，需要体育旅游的专业人员确保游客的安全性。可以大规模地培养体育旅游的专业人才，以其为后盾，高效整合旅游资源与体育资源，让游客得到最好的体育旅游体验，让区域内的体育旅游产业做到综合性发展。

（四）发挥政府功能

政府是任何产业发展的后盾与支持，如果想要实现长三角地区的体育旅游产业一体化，就少不了政府的主导作用，政府应当做到跨行政区域合作，合理规划长三角的体育旅游资源，深度开发未被使用的体育旅游资源，并做到合理分配，参与到重大体育旅游事件当中并提供帮助。推行利于地区之间合作的政策，不仅要鼓励长三角地区之间的体育旅游一体化，也可以鼓励长三角地区与其他地区的体育旅游综合发展。政府应当鼓励良性的体育旅游竞争，也要缓和发展中竞争出现的矛盾。只有政府先发挥其主导作用，企业在政府的领导下才能更好地建立旅游体育产业的市场，为更多人带来服务。

（五）构建坚实的综合性网络化基础设施

长三角地区发展较为复杂，各城市与各城市，各城市与乡村之间都有着一定联系。因此，在长三角地区发展体育旅游业，就先要建立完善的综合性网络设施。长三角地区是综合体，各个城市之间的联系不断，需要紧密相连的交通网络体系为其提供共同发展的基础。只有先建立紧密相连的网络设施，才能由一个城市的旅游体育带动周围城市的旅游体验的发展。因此坚实的网络化基础设施是长三角地区发展的基础。

三、长三角地区体育公共服务一体化的协同治理

（一）有利条件分析

1. 组织制度一体化为协同治理打下坚实基础

长三角地区一直在致力于一体化发展，因此建立了长三角合作办公室，它的职能可以辐射到各省政府，实行"三级运作"的模式。第一层为决策层，是"长三角主要领导座谈会"；第二层为协调层，是"长三角合作与发展联席会议"；

第三层是执行层，其中包括"联席会议办公室"和"重点合作专题组"两项内容。在办公室中下设了12个重点合作专题机构。

长期以来，在长三角合作办公室的带领下，长三角的一体化在稳步展开，各资源分配与社会发展也朝着一体化进步。其表现有长三角合作实现合作办公，实现顶层设计，行动计划扎实推进等。由这三点可以看出，长三角地区已经开始进行大量一体化推进，虽然各个公共服务项目无法做到完全地同步，但长三角合作办公室的工作展开已经为长三角的进一步的合作协同发展打下了坚实的基础，而进一步动向要针对何种项目，还需要进一步的讨论与观察。

2. 城市间经济差距缩小为协同治理提供保障

2022年，长三角地区经济总量达29万亿元，约占全国经济总量的24%，比重与2021年基本保持一致。其中，江苏GDP突破12万亿元大关，经济规模迈上新台阶。浙江GDP突破7.5万亿元，安徽、上海GDP均超过4万亿元。2022年，长三角区域内41个城市中，GDP总量垫底的依旧是黄山。2021年，它是区域内唯一一个经济总量不足千亿的设区市，这一次，这个"八山一水一分田"的设区市终于越过千亿门槛。这也意味着，长三角所有设区市的经济体量底线被划定在千亿以上。底线在上升，上线也在拔高。2022年，长三角万亿俱乐部成员仍为8个，分别是上海、苏州、杭州、南京、宁波、无锡、合肥、南通。虽然没有新晋成员，但经济总量在8000亿元以上的城市因温州的加入增至3个，这些都是进军万亿俱乐部的有力竞争者。其中，常州2022年GDP为9550亿元，预计2023年能突破万亿元。[①]

长三角地区近86%的城市体育公共服务发展总体水平达到了全面保障阶段。[②] 现阶段要解决的问题是长三角地区的公共体育服务的数量与质量，目前，公共体育的模式与制度已经基本完成。政府可以进一步加强体育宣传，并引导消费者在公共体育方面消费，建立其广泛覆盖、效率强的公共体育消费模式，形成多元化、社会化的公共服务模式。体育的公共服务是衡量当代居民生活水平的重要标准之一，建立良好的公共体育服务，可以有效地调动公民在体育活动方面的

---

① 中国网.41城全部越过"千亿线"长三角城市格局的变与不变[EB/OL].（2023-02-09）[2023-07-09].http://zjnews.china.com.cn/yuanchuan/2023-02-09/366757.html.

② 樊炳有，高军.体育公共服务：内涵、目标及运行机制[M].北京：人民体育出版社，2010：36.

积极性，使公民愿意参与到体育活动中的体育文化。体育公共服务的体系建立有利于全民公共服务的均等化，让每个人都享受到均等的社会服务。

3. 城乡一体化持续推进为协同治理提供契机

城镇化率是衡量城市化的有效指标，多运用人口统计学指标，即城镇人口与总人口之间（包括农业与非农业）的比重。受城镇区域扩张、城镇人口自然增长和乡村人口流入城镇等因素影响，城镇人口继续增加。2022 年末，我国城镇常住人口达到 92071 万人，比 2021 年增加 646 万人；乡村常住人口 49104 万人，减少 731 万人。常住人口城镇化率为 65.22%，比 2021 年提高 0.5%。城镇化空间布局持续优化，新型城镇化质量稳步提高。[1] 联合国预测，在 2050 年世界发达国家的城市化率将提高到 86%，我国的城市化率也将达到 71.2%。当城市化率在"50% ≤ 城市化率 ≤ 70%"之间，城市化从基本实现向完成迈进；城镇化进程除了城市化率，还包括城市数量和结构、城市居民人均收入、城市公共服务水平等相关指标。[2] 以此表明，城镇化率与公共服务具有一定的相关度。有研究进一步表明：长三角城乡一体化发展水平不断提高，上海市、江苏省和浙江省远高于全国水平，安徽省虽然低于全国平均水平，但是年复合增长高达 19.6%，高于全国增长水平，追赶效应明显。[3] 城乡一体化水平的提升，为公共体育建设提供了基础物质保障，因此政府能够抓住机会化解城乡之间差距的矛盾，同时这样的效果也使得政府在城乡之间的投入更加均衡，不断地提升乡村生活水平的具体表现。想要进一步地缩短城乡之间的体育公共服务，还需要政府以及相关部门进一步地大胆实践与探索，再结合相关学者的分析为解决我国地区之间公共服务差距的问题提供思路。

（二）策略分析

1. 完善公共体育资源要素市场化配置机制

长三角一体化发展既不是要求存在一种理想的分工格局和发展模式，也不是指各主体之间利益无冲突的一致性行动，而是指在一个尺度较大的区域经济范围

---

[1] 国家统计局. 王萍萍：人口总量略有下降 城镇化水平继续提高 [EB/OL].（2023-01-18）[2023-07-09].http://www.stats.gov.cn/sj/sjjd/202302/t20230202_1896742.html.

[2] 马先标. 美国城市化历程回顾及经验启示 [J]. 贵州大学学报（社会科学版），2019，37（4）：40-46.

[3] 朱刚，张海鹏. 中国城乡发展一体化指数（2018）[M]. 北京：社会科学出版社，2019：64.

中，各个边界清晰的行政单元之间，逐步清除各种人为的阻碍资源和要素自由流动的体制障碍。[①]通过世界各地区发展的经验，区域一体化发展首先需要解决的是市场问题，在市场中要打造出自愿流动且进行统一资源配置的综合市场。要完成此项内容要通过三个步骤：第一，"互通"。通过互通进一步沟通各区域的优势，使长三角地区达到区域之间的取长补短。第二，"拆墙"。目的是破除区域之间行政区划之间的隔阂与阻碍，让同一个地区真正做到深度交流。第三，"合体"。"互通"与"拆墙"本质上都是促进区域一体化的工具，最终目的就是"合体"，即忽略行政区划的障碍，真正做到大地区的统一化发展，实现资源在此地区的合理化配置。

我国目前公共资源配置都是根据行政区划来进行的，资源由政府进行配置。但这并不意味着未来这些资源都会由政府掌控并配置，社会力量依旧有机会参与到这些资源配置与流动的过程中。如果将社会力量加入到公共体育配置中并实现长三角区域公共体育的服务化网络，而各个城市是此网络的节点，这样便可使各要素在网络中形成流动的格局。当然，公共体育活动是公共服务的一部分，因此公共体育的资源配置也会理所当然地在城市之间形成流动与更合理地配置。

我们可以按照上述内容，将社会力量加入到公共资源配置与流动当中，形成政府与社会力量两条轨道共同配置公共服务资源的"双轨制配置"机制，这样的机制有政府和人民群众共同参与，能让政府更合理地了解到群众的需求，进行更为合理的公共服务资源配置。要按照国家制定的指示与要求推动长三角的一体化发展，做到"龙头＋节点＋外围"的具体项目。政府除了应当做到最基本的公共服务资源配置，还应当拓宽公共资源配置的市场化，形成"省—网"模式向"区域—网"模式的进程。政府还应该破除限制公共体育资源自由流动的各种体制机制障碍，发挥示范引领作用，率先实现公共体育资源要素在区域内自由流动。[②]

2. 培育多元主体参与网络化协同治理

当前，长三角一体化的资源配置尤其是一体化教育领域的网络化全区域协同管理还处于起始阶段，在此阶段，上海、江苏、浙江、安徽三省一直辖市形成的体育部门和上海体育学院共同发起了长三角体育产业协会，该协会对长三角体育

---

① 吴福象.长三角区域一体化发展中的协同与共享[J].学术前沿，2019，8（2）：34-40.
② 刘山.完善公共资源要素市场化配置机制[J].中国党政干部论坛，2019，32（12）：59-62.

资源的配置、流通提供了相应的更改与讨论的平台，并就长三角体育设施的采购、使用以及体育产业大数据建设等内容达成了一致，并签署了《2020年长三角地区体育一体化重点项目合作协议》和《长江三角洲汽车运动产业一体化发展合作框架协议》。

长三角地区在体育创客联盟中进一步沟通了体育产业主体、消费市场以及各体育产品的流通使用等问题。目前在长三角的体育产业依旧需要加强进一步的合作、对接与交流。长三角地区参与全民健身的体育部门只有十所，因此联盟要进一步发展创新机制，推动体育产业在公共活动中的地位与作用，并完善相关机制，开展相关内容。同时，联盟应邀请相关企业、社会组织开展调查与研究，进一步提升体育资源配置的合理化与资源的流动使用。

在未来，长三角地区的公共体育服务产业势必会形成市场、政府、体育社会组织"共生"的局面，这样三种要素相互制约，最终达成稳定的局面。体育社会组织，它是体育公共服务领域的重要组成部分，可以为政府与市场起到良好的支持作用。首先，体育社会组织可以形成长三角整体的、包含所有行政区划的综合体育组织，以此进行交流；其次，体育社会组织可以发展跨越行政区划的市场，进行跨区域体育资源流动，并通过组织对体育讯息的咨询、体育设施的中介提供支持与保障；再次，体育社会组织可以对市场进行相应的监管，设立监管区域内部市场的相应体制并制定标准；最后，体育社会组织可以在区域内设立体育资源的评估机制，以科学合理的评估体系对体育组织的参与效果进行评估。

多元主体的参与还需要在以下三个方面进行加强：一是多元治理资源共享，共享和共治存在一定的关系，共享是共治的基础，同时需要一体化公共体育配置形成相互支持与依赖、兼容成功、风险共担的综合共同体；二是建立多样化的协同工具，各地区先要在自愿的条件下共同建立项目合作、参与项目、监管项目、评估项目的总和合作机制，并要善用使用在合作过程中促进发展的工具；三是调整基层政府与多元主体之间的关系，无论各个组织怎样组织建设，最终都要落实到基层去实现，且体育服务最终也要追溯到基层中去。这三个方面从理念共识到具体方法再到特殊环节，共同构成多元主体参与体育公共服务一体化协同治理的基本策略。[①]

---

① 吴芸.转型期中国社会网络化治理模式分析[J].中国社会科学院研究生院学报，2018，34（4）：58–65.

第三节　粤港澳大湾区体育旅游发展研究

一、粤港澳大湾区体育产业的发展现状

粤港澳大湾区是我国的重要发展地区，其中包括 11 个经济发展较为领先的城市，是我国经济极为发达的地区。由于粤港澳大湾区以其优秀的经济能力为后盾，因此，粤港澳大湾区的体育产业也同样高度发达。粤港澳大湾区的香港是世界级的经济中心，每天在这里发生的全球性经济行为数不胜数，这里的交通极为便捷，同样也是世界级的航运中心。广州是我国经济最为发达的地区之一，其高度发达的经济吸引着全国各地以及全世界的人来到此地。广州非常重视学生的教育，其教育在全中国也属于领先地位，其中对学生的教育也包含体育，这样既带动了广州整体的体育产业，也为学生打下了体育的优良基础，使学生未来能更好地促进体育产业发展。所以在粤港澳大湾区的政策支持下，体育产业是此地区未来旅游业发展的倾向和热点，未来粤港澳大湾区的旅游业势必会和体育产业更为紧密的结合。为此，此地区已经在政策的支持下对体育相关的软硬件进行了大量补充。比如，一方面，建立更多大规模体育馆和运动中心，保证人民群众的运动场所，并且这些场所可以举办各种体育活动和竞赛，综合带动地区体育产业；另一方面，不断发展体育队伍，此地区培育了大量国家级运动员和教练员，建立了服务于人民群众的强大体育队伍，展现出该地区强大的体育发展能力。

二、粤港澳大湾区体育旅游产业发展前景

粤港澳大湾区是我国的经济发达地区，该地区人口众多，并且以最近的趋势来看，该地区的经济和人口都还在逐年增长，这为粤港澳大湾区的各个领域都带来了更大的机遇与风险。在发展经济时，该地区应当发挥自身长处，不断发展本地区擅长的高新技术产业和制造加工业，并不断加强自身的服务产业。旅游业和会展产业很可能会成为粤港澳大湾区发展的重点。体育旅游是随着社会经济不断发展而逐步发展起来的新话题，是旅游行业的"新名词"，也是未来旅游行业发展的核心，尤其是现在粤港澳大湾区已拥有了发展体育旅游的良好条件，加之，

特殊政策环境的影响，必然会更有效地推动体育旅游业的持续发展。①

粤港澳大湾区作为世界著名湾区，与世界其他湾区相比，粤港澳大湾区在发展体育产业方面有着独特的优势。世界上著名的、经济极为发达湾区还有东京湾区和纽约湾区，与这两个地区相比，粤港澳大湾区经常会有越洋游轮的出没，而另两个湾区则主要是货物的运输。除此之外，粤港澳大湾区与我国南海隔海相望，与一些南亚、东南亚地区海陆交流十分便利。再加上粤港澳大湾区独特的自然人文风光，吸引着大量东南亚甚至是更远地区的游客通过游轮进行游玩，所以在发展旅游业时，优秀的交通条件为粤港澳大湾区提供了极为便利的前提。除了海运，粤港澳大湾区的陆路运输方面也是同样强大，作为我国的经济高速发展地区，粤港澳大湾区的铁路线路早已建设完毕，每天在这里同行的火车数不胜数；公路运输在这里也是极为便利的。此外，港珠澳大桥的建成更是为这片地区的内部连接提供了更为便捷的交通条件。

在基层层面，国家强调要加大对世界级湾区机场群的建设和投入力度。②旅游业的发展离不开交通的便捷，想要吸引大量游客，必须先保证游客可以便捷、快速地到达此地区，因此便捷的海陆空交通就成为发展粤港澳大湾区旅游业的优势条件。从软件条件角度看，粤港澳大湾区的优势十分明显，广州亚运会的举行使体育运动声名大噪，各区域都大力发展体育旅游，如游艇比赛、赛龙舟运动、帆船比赛等都极具地方特色，吸引着世界各国人民的目光，在今后的发展中，粤港澳大湾区各类体育旅游资源若能更好地加以融合、规划，会进一步推动湾区旅游业及经济的发展。③

三、粤港澳体育旅游资源的主要类型

（一）滨海休闲型体育旅游资源

粤港澳大湾区，临近海湾，拥有大量的海滨地区，因此可以对其海滨旅游资

---

① 许丽.粤港澳大湾区背景下体育与旅游协同发展研究——以"环粤港澳大湾区城市自行车挑战赛"为例[J].广州体育学院学报，2020，40（4）：21-23.
② 冼雨彤，李慧.善用湾区优势 谱写发展新篇——粤港澳大湾区金融发展的探索与实践[J].科技与金融，2019（8）：7-10.
③ 林先扬，谈华丽.深化粤港澳大湾区文旅产业创新发展的思考[J].广东经济，2020（10）：20-23.

源进行大力地开发。粤港澳大湾区可以提供的海滨旅游项目众多,如海钓、冲浪、翻版、潜水赛艇等项目,近年来还有海上自行车、海上摩托艇、海上拖伞等项目,深受年轻人的喜爱。广东省岛屿众多,有195个海岛,随着岛屿旅游资源的开发,广东海滨旅游联盟成立,它将会协调粤港澳大湾区的各个城市对广东省的海岛资源进行开发。我国对来此地游玩的国外友人的签证办理提供了便捷通道,甚至提供了在一定条件下的免签政策,为粤港澳的海滨旅游产业提供了优秀的发展条件。

(二)山地运动型体育旅游资源

广东省地形多山脉,省内大部分地区属于南岭山脉,这里地形独特,且海拔不高,非常适合开展山地相关的体育旅游活动。这里已经在不断开发当中,如远足、徒步、登山、蹦极、攀岩、越野、滑翔伞等山地相关项目。可为这些项目顺利开展提供地形的山地有许多,如丹霞山、广东大峡谷、车八岭、罗浮山、南昆山、西樵山、皂幕山等都有着丰富的山地旅游资源。香港、澳门两地虽然山地地形少,山地运动、旅游资源少,但受新颖的国际思潮影响,此二地的居民消费与旅游观念相对领先,也热衷于参与相关山地类项目,在本不丰富的山地资源中加大开发力度,开发出了一定的户外运动项目。

(三)河流型体育旅游资源

粤港澳大湾区的气候是亚热带季风气候,此地区江河众多,为开发水上活动提供物质基础。这里可以开展漂流、垂钓、龙舟、快艇、皮划艇等经典水上项目,宜人的气候也为这里吸引了更多游客。广东省还有许多温泉资源,如海泉湾、御温泉等,为此地不断地吸引众多外地游客。

(四)体育赛事型体育旅游资源

广东省是运动大省,其境内有着丰富的体育运动设施,以及许多的体育场,因此广东省举办过多次大型运动赛事,如亚运会、全运会、大运会等。粤港澳大湾区的其他城市,如深圳、香港、澳门等地也有着丰富的赛事举办经验,并为赛事的举办随时做准备。除此之外,粤港澳大湾区还有着许多有地方特色的传统赛事,如香港和广州每年都会举办赛龙舟,深圳经常举办有关游艇的赛事,珠海举办帆船比赛等。这些赛事不仅让众多国内游客纷纷来到此地,更是促成了旅游业与国际的接轨,吸引着大批国际友人的到来。

（五）传统特色型体育旅游资源

除了许多现代运动赛事，特色型体育旅游资源是粤港澳大湾区旅游发展的一大亮点。这里的传统体育项目在不断地吸引大批中外游客，其中包括武术、龙舟、舞狮等。广东省是少数民族众多的省份，因此少数民族特色也为粤港澳大湾区的旅游发展提供了一定的动力，其中少数民族的传统体育运动更是深深地吸引着游客，如回族查拳、黎族跳竹竿、苗族射弩等。同时，广东也在大力宣传中国的传统文化，举办地区特色比赛，如风筝大赛、狮王争霸赛、清远漂流节等。

（六）低空休闲型体育旅游资源

粤港澳地区是经济发达地区，有资源也有能力发展低空休闲型体育资源，这些低空休闲型体育项目吸引着众多国内外游客的光顾。粤港澳大湾区以地方特色为基础，发展了许多低空休闲产业园与航空旅游小镇，这里的跳伞、热气球飞行、直升机项目、动力伞项目等非常受游客欢迎。

（七）冰雪运动型体育旅游资源

粤港澳大湾区维度低，气温较高，在历史上并没有太多冰雪项目的传统。但是随着 2022 年北京冬奥会的成功举办，冰雪项目在全国掀起了很高的热度，广东省开始大力推广冰雪项目，其举措有冰雪运动进校园、青少年冰球、冰球斗牛赛等。依托现代科技，广东省也在大力建设适合游客游玩的冰雪项目场地。

四、粤港澳大湾区体育旅游产业创新发展措施分析

（一）对体育旅游项目进行创新

体育旅游是娱乐性很强的休闲活动，相比于其他的休闲与娱乐项目，体育旅游会受更多人的喜爱。建立有特色的体育旅游产业，不能只是单纯的体育运动，要将项目与文化、传统、地方特色相结合，形成吸引游客的创新型项目，同时也可以结合地方的经济状况、自然资源等发展国际上新型的体育项目来吸引游客。我国许多旅游景点在其开发时已经尝试融合一些体育项目，并取得了不错的成绩。如海南省在开发旅游资源时，不断利用其海洋资源，开设一系列水上、水下以及沙滩项目。同时，一到旅游旺季当地居民也会举办一些当地特色的传统晚会，来

吸引更多的游客。再如，张家口也借着冬奥会的举办开发出独特的冰雪项目，创设地方特色体育旅游来吸引更多的游客。

粤港澳大湾区可以进行的体育项目众多，许多体验产业甚至并不是为了发展体育事业产生和兴起的，比如香港的游艇项目极受欢迎，现在正呈现出快速发展的势头，快艇项目在香港的发展遥遥领先中国其他地区的游艇发展，甚至不断吸引国外友人在此地参与游艇项目。我们应当不断发展创新型项目，项目要面向整个社会，让人民群众都参与进来，为此最为重要的就是解决游艇的租赁业务，并聘用相关的游艇人才保证游客的安全。要将这些内容落实可以从以下几个方面推进：第一，制定更合理、更完善的管理系统，明确责权，加入相关政策吸引更多投资者，吸引更多的项目资金，改造游艇项目；第二，需要相关人才参与，尤其是游艇人才以及旅游管理人才，只有相关人才在其擅长的领域发光发热，并采用积极合作的方式对整体项目进行建设，才能更好地发展整个游艇项目，同时专业的游艇人才能在本具有一定风险的游艇项目中保护游客的安全性；第三，通过宣传、规划、制定政策等方式对游艇产业进行宣传，使更多的人接触并热爱这个体育项目。同时要注意项目的发展与市场相适应。例如，香港地区很有特点的赛马行业，其发展历史十分悠久，但其是根据博彩业发展轨迹而来的，若是对其进行改造，变成有特色的体育旅游项目，必然也会吸引很多人的注意。粤港澳大湾区具备很广阔的市场潜力，若是将体育旅游和博彩融合在一起，其市场潜力会更大。[①] 与此同时，在政策相关方面也应当做出一定的调整，政府应当出台相关政策鼓励、支持体育旅游产业的建设。

（二）强化旅游宣传力度

宣传往往是旅游业发展的根基，旅游景点做得再好，游客没有渠道知晓，也很难来到此景点进行游玩。宣传是不断提升当地旅游产业知名度的重要方法与要求。目前，各种信息可以通过互联网以及传统媒体进行多方位的传递，游客可以获得非常庞大数量的信息，并对这些信息做出选择。因此如何让自己景点的旅游项目在庞大的旅游信息中脱颖而出，就要依靠宣传的作用了。因此，想要让粤港澳大湾区的体育旅游产业更上一层楼，就必须大力宣传，甚至可以采用一些有创

---

① 陈广汉，谭颖. 构建粤港澳大湾区产业科技协调创新体系研究 [J]. 亚太经济，2018（6）：127-134.

意、对群众来说新颖的广告形式。游客们旅游的目的是放松心情，缓解疲劳，体验自然与人文风光，对于许多游客来说，体育旅游项目本身就是一种创新型的项目。因此，相关的旅游景点应当大力发展创新，打造出更具创新形式、更具地方特色且高质量的体育旅游项目，打造出自己的体育旅游品牌，要让消费者相信品牌，对地区的旅游产业有信赖感。在粤港澳大湾区的建设过程中，相关企业与部门可以以地方特色为主题设立旅游项目，并加强相关的宣传工作，当确定好体育旅游主题后，可以不断整合各种媒体资源对自己的主题进行宣传，做到突出主题、突出地方特色，也可以用一些吸引眼球的方式进行宣传。同时可以开展品牌营销，制定相关的营销策略，在宣传时除了突出主题，还要从多方面、多角度地对品牌进行宣传，让游客感受到除了相关主题，还有其他的体验项目，让游客有更多的选择，以此来吸引更多的游客，并在这些游客心中树立良好的粤港澳大湾区的旅游形象。

想要达成体育旅游业的持续发展，宣传是必不可少的，宣传是体育旅游发展的动力。要实现粤港澳大湾区的体育旅游产业可持续发展、走创新型与旅游发展的道路都离不开宣传。想要搞好体育旅游的宣传，首先需要让游客走出对于体育旅游的认识误区，要抓住体育旅游的项目特点，同时把握住体育旅游的多样性特点，做到既突出体育旅游项目的特点，又开拓体育旅游项目的广度与深度。同时要抓住游客的需求，对自己的旅游资源进行深度挖掘宣传，注重宣传游客的体验，并保证实际情况与宣传内容相当。在打造自己的品牌并进行宣传时，要注意以下四个要素：客群、主题、行程、预算。只有做到精确提炼自己的宣传内容，并采取吸引人的表达效果，提高自身的资源整合能力才能做到最好的宣传。而打造自己的品牌形象就将衡量标准分为主题与行程，主题表达的是突出自己宣传的主题内容，行程是体验的程度和效果，行程具有一定的时效性，一部分体育旅游项目，不仅会受昼夜、季节等因素的影响，还有可能受到地域的限制，比如水上运动需要海湾资源、山地项目需要山地资源等，因此，在打造行程的过程中还要考虑资源的适配性。想要真正实现体育旅游的发展，必须做到兼顾全体人民群众，坚持以人为本。只有从群众的需求出发，并做到真正让人民满意，才能让整个体育旅游业快速发展。在宣传的过程中还可以结合热点事件，顺势造势，或者借助其他项目进行合力宣传等。同时在宣传时还要照顾粤港澳大湾区的实际情况打造安全可靠的旅游产业，提倡消费升级，不断推出具有突出特色的体育旅游项目，并加强对群众的宣传，让体育旅游产业健康、快速地发展。当地政府应当与企业合作，结合粤港澳大湾区的产业，制定专业的宣传方案，采用现代的宣传手段，借助政府的力量提升宣传的影响力，实现更大范围的粤港澳大湾区的体育旅游发展。

（三）加大金融创新力度

广东等地的金融体系一共有三种，在其贸易出口的结算方面形成了统一的金融结算方式。无论是对于国内的投资者、项目的建设人员、政府相关部门还是对于消费群众来说，金融体系对体育旅游产业的影响都是不可忽视的，因此，想要推动粤港澳大湾区的体育旅游建设就必须对粤港澳大湾区的金融建设加大力度，不断开展创新式发展，发展新的金融产品。对于湾区体育旅游的产业发展，投资是必不可少的，体育旅游的众多项目都需要许多的设施与器材，为此就需要一定的投资。投资让体育旅游的发展更加便捷，也是体育旅游产业规避风险的方法之一。

在国际贸易中，货币的结算一直是困扰国际贸易的问题，在此方面也有成功的方法，如采用虚拟货币进行结算等。如今国内的主要结算方式是人民币，因此粤港澳大湾区可以采用创新式货币结算方式，这不仅能推动体育旅游产业的发展，还能够使人民币朝着国际化的方向发展，提高人民币的国际地位。

湾区体育旅游业拥有很强大的潜力，是体育旅游发展的核心部分，当湾区体育旅游行业形成规模时，无论是哪种货币形式都会体现出很大的价值。[1] 粤港澳大湾区的体育旅游产业离不开金融的支持，在体育旅游产业发展的汇总过程中可以不断提升自己的综合金融服务手段，也可以针对体育旅游产业的金融服务进行创新，只有不断通过创新的方式和手段，才能让金融对体育旅游产业产生积极的影响。

（四）加大管理体制的创新力度

在我国，体育旅游的发展必然离不开人才，最主要的就是管理方面的人才，因此想要发展体育旅游产业最先要培养一批具有创新能力的管理人才，再通过他

---

[1] 阮翀.粤港澳大湾区建设背景下湾区周边产业创新能力提升路径研究——以阳江刀剪产业为例[J].中国市场，2020（8）：10-11，22.

们选择一批有创新能力的人才。为了粤港澳大湾区的体育旅游整体发展，可以选择和高校合作，通过高校为体育旅游事业培养人才。并且要做好人才管理制度的改革，做到让体育旅游创新发展的最优解。同时还可以在跨学科、跨领域方面对体育旅游的发展进行创新，引进其他学科、其他领域的相关人才，提高体育旅游项目人才的综合创新性与人才管理的创新性。

第四节 海南自贸港海洋体育旅游发展研究

一、自贸港建设对海南旅游业集聚发展的新要求

党中央国务院明确要求，海南建设要以旅游业、现代服务业与高新技术产业为主导，从中就可以看出中央对于海南旅游产业的重视程度。除此之外，中央还特别指出，发展旅游业时，要坚持绿色、生态原则，发展健康、可持续发展的旅游业。在旅游业发展的过程中，可以围绕国际消费中心建设，在旅游业的发展中要注意旅游业与其他产业的结合，可以将海南的旅游业与体育产业、医疗产业、养老产业进行深度的融合，将海南省的旅游产业打造成多产业结合、国际医疗旅游高水平地区，建设体育产业、文化产业与旅游业相结合的示范省。同时，海南省还要加快三亚游轮产业的发展，建立以游轮为基础的旅游试验区，鼓励海南成为游艇产业发展改革的试验区，以这些为基础创立国家级的旅游度假区，并打造AAAAA级的旅游景区。

旅游业是《海南自由贸易港建设总体方案》中明确聚焦发展的三大产业之一，海南省要提高旅游产业的发展速度，并保障发展质量，以高质量、高效益的模式建造大型旅游市场，同时建立以旅游园区为载体的大型旅游业集群，通过主导的旅游产业，带动区域经济，做到全面提高海南省的旅游产业规模，并不断扩大其经济效益。在海南旅游产业的建设过程中可以采用旅游企业之间的联动与互动方式，促进旅游业的理念更新，并研究新产品、新服务，通过创新式的宣传对新产品、新服务进行大力地宣传。在管理方面要让管理人员定期与其他地区、国家的管理人员进行交流，学习新的管理技术，促进管理技术外溢；同时可以不断吸引

更多国内外企业进入海南的产业集群，通过其他企业的竞争改变之前的思维定式，来提高综合效益。这些都需要对海南省的旅游产业提出新的要求。

（一）体制机制创新新要求

海南省的群岛都是自由贸易试验区与中国特色自由贸易港，因此我们要开展创新式发展，以创新制度为核心，大胆试、大胆闯、自主改，在企业制度、内外贸、投融资等方面积极尝试具有针对性的政策制度，建立更高标准的管理模式和监督机制，不断提升其国际化、法治化水平，加快形成法治化、国际化、便利化、国际一流的营商环境，以及公平、开放、统一、高效的市场环境。这对海南旅游业集聚发展提出了着力推进体制机制创新的新要求。

1. 创新体制机制促进海南旅游业高质量集聚发展的新要求

自贸港建设旨在探索通过发展特色产业打造高质量发展的新模式，自贸港旅游业也应进行体制机制创新打造高质量集聚发展的新模式。因此，海南推动旅游业集聚发展必须以供给侧结构性改革为主线，加快旅游业发展体制创新的改革步伐，完善旅游业集聚发展的制度安排和政策体系，构建旅游业集聚发展质量变革的抑制机制，提高旅游业和服务的供给体系质量，加快旅游业集聚发展转型升级，提高旅游产品和服务的数字化、网络化、智能化、绿色化发展水平；进行制度、要素、服务、市场等经济要素的高质量供给。

2. 创新体制机制促进海南旅游业集聚发展效率变革的新要求

自贸港建设要求的核心要义是围绕处理好政府和市场的关系，使市场在资源配置中起决定性作用，更好发挥政府作用，使得市场机制有效、微观主体有活力和宏观调控有度展开的。因此，海南旅游业集聚发展必须利用市场"无形之手"的力量，强化旅游要素市场化配置，完善旅游业产权制度，推动旅游资源向优质企业、优质旅游行业和服务集中。发挥政府"有形之手"的影响，夯实市场基础性制度建设，深化产权制度改革，完善公平竞争的市场环境；以优化营商环境综合改革为抓手，加快转变政府职能，持续深化"放管服"改革，切实解决旅游业集聚发展中全生命周期遇到的痛点、堵点和难点。

3. 创新体制机制适应海南旅游业集聚发展动力变革的新要求

海南全岛建设自由贸易试验区和加快建设中国特色自由贸易港的战略路径之一是经济社会发展的动力变革。动力变革不是在现有的旧结构下寻找稳增长的

"药方",而是要在经济转型升级的新趋势、新结构下寻找新动能、新增长的源泉。自贸港建设及其旅游业集聚发展,必须走创新驱动道路,实现新旧动能顺利转换;人才是第一资源,要深化人才发展体制改革,重视人才、引育人才和留住人才;加快引进、培养和造就一大批具有国际水平的战略科技人才、科技领军人才、青年科技人才和高水平创新团队,促进各类人才合理流动,更大程度地调动企业家、科学家、技术人员和其他人才的主动性、积极性和创造性;搭建产学研用协同创新平台,大力推进大众创业、万众创新,健全科技人才引用政策,积极引导科技人才服务基层,完善科技人才服务保障体系。要厚植尊重人才创新的土壤,实施最严格的知识产权保护制度,加快营造有利于创新的经济社会环境。

(二)开放式集聚发展新要求

进入新时代以来,中国步入新的开放发展阶段,实现了从自身开放到引领全世界共同开放的历史性转变。海南作为最大的经济特区,肩负着建设自由贸易试验区、探索建设中国特色自由贸易港、推动旅游业集聚发展的历史重任。打造海南国际旅游岛必须按照全面深化改革开放试验区、国家生态文明试验区、国际旅游消费中心、国家重大战略服务保障区的"三区一中心"战略定位,率先探索全面深化改革开放,尽快形成全方位对外开放的新格局。

"一带一路"倡议的提出为世界各国的发展提供了新机遇。目前,国际社会已经就高质量共建"一带一路"达成广泛共识。海南作为重要的战略支点,在共建"21世纪海上丝绸之路"进程中承担着重要的责任和历史使命,并且成为了国家周边经济外交的重要抓手和支撑平台。在全球化、区域一体化发展的大趋势下,海南必须切实履行率先全面深化改革开放的使命、责任和担当,积极参与面向太平洋和印度洋构建新型区域经济合作机制,以泛南海经济合作图为依托,充分发挥市场决定性作用和企业主体作用,逐步成为我国与"一带一路"沿线国家及地区深化共建共商共享关系的战略支点。

海南要在"一带一路"建设中,充分发挥旅游业在促进不同国家和地区之间人文交流的独特作用,巩固其在"海上丝绸之路"的战略支点,通过自身发展带动沿线国家和地区自贸区和自贸港的建设,从而形成以南海为依托,以海洋渔业和旅游业为核心的泛南海经济合作圈,构建以海南为基础的国际一流交流合作大平台,打造我国面向太平洋和印度洋的重要对外开放门户。

海南要对标国际高标准，加快推进以旅游业为先导的服务业市场的全面开放，打造以服务贸易为重点的对外开放新高地和"具有世界影响力的国际旅游消费中心"，勇于突破现有体制机制障碍，率先形成消费主导的经济增长新格局。

海南作为深化改革和扩大开放的试验田，必须在硬实力和软实力、硬功夫和软功夫上同时发力，尤其是培育和壮大旅游业全面开放的内生动力，以旅游业集聚发展为目标推动供给侧结构性改革，开展文旅强省建设，持续增强文化自信，营造开放包容的发展环境，加快海南旅游业集聚发展，引领全省经济社会发展的质量和效率。

（三）营商环境完善新要求

目前，海南已步入自贸港建设新发展时期，制度创新成为改革发展的核心，拥有较之以往更大的改革自主权，以"放管服"改革为切入点，大胆试、大胆闯、自主改，必须从政策环境、市场环境、社会环境、文化环境和生态环境等多维度推动海南自贸港创建发展新模式，创新更多富有实效的成果，彰显海南全面深化改革开放试验田的价值。

旅游业作为海南自由贸易港的第一主导产业，其集聚发展必须积极和全面吸收已有自由贸易区与自由贸易港的政策、体制和做法，以更大勇气的改革和探索精神，在市场体系、制度规则、知识产权保护、劳工标准、竞争中立等方面与国际惯例接轨，率先实现投资自由化、贸易自由化、资金流动自由化、境外专业人员和跨境数据的流动自由化，必须对标国际先进规则，形成更多具有国际竞争力的制度安排，形成海南旅游业全方位开放的创新生态系统，尽快形成能够吸引国内外旅游资源集聚的法治化、国际化、便利化、国际一流的营商环境，以及公平、开放、统一、高效的市场环境；建立健全市场法治体系，提升知识产权保护水平，通过全面的法治化改革，形成有法可依、有法必依的法治环境，以法治为基础建立知识产权保护的长效机制，全面推动经济要素的市场化改革，创造更加优质的环境保护制度。

二、海南体育旅游发展优势

随着时代的发展，旅游业也在不断地进步。海南省作为我国开展体育旅游发展的重要区域,尤其是在"一带一路"政策的支持下,海南省的体育旅游产业也在迅速地发展。海南省的旅游业迅速发展,为海南省的经济带来了很大的提升,许多当地人依靠海南省旅游业增加收入。海南发展体育旅游的优势具体表现在区位条件优越、体育旅游资源富饶、接待环境通畅与后发潜力凸显四方面。[1]

(一)区位条件优越

首先,海南省的地理位置具有明显的区位优势,按照温度带划分,海南省是我国唯一一个省内全域都在热带的省份,有人称海南省为"中国夏威夷",这个称号就可以体现海南省丰富的旅游资源。其次,海南省的气候是热带海洋性气候,热带地区气候支持海南省全年发展旅游产业,适合在海南省开展体育活动,特别是秋天、冬天和初春,这时我国内陆,尤其北方,气温寒冷、降水较少、天气干旱,南方一些地区气温也很低。因此,海南冬季舒适的气候让海南省成为全国人民在此时间段旅游的不二选择,使海南岛形成了深秋、冬季与初春的旅游旺季。海南省还有优越的海滨条件,海南是我国第二大岛,拥有1944公里的海岸线,海滨资源极其丰富,除此之外,隶属于海南省的大小海湾68个,海南省的沿海沙滩长度极长,可达数十米甚至是数百米,海南省沙滩沙白如絮,且沙滩平缓,起伏不明显。环境优美,海天一色。而且海南省可以开展的海滨活动很多,在海南省可以享受到海浴、沙浴、阳光浴等项目,因此,海南省是非常适合开展海滨体育旅游的。

(二)体育旅游资源富饶

海南省拥有着非常丰富的旅游资源,不仅自然景观以及自然环境资源很丰富,人文景观也是多种多样。结合资源空间分布特征、基本表现形式与活动行为特性将海南体育旅游资源分为海域型、山地型、水域型、生态型、民俗型、节庆型、赛事型、场馆基地型八种基本类型。[2]海南省典型的海域型体育旅游活动有冲浪、划水、潜水等;山地型体育旅游活动中的典型代表有登山、攀岩、山地徒步等;水域型体育旅游活动中的典型代表有漂流、垂钓等;生态型体育旅游活动

---

[1] 王雪,曹佩磊,劳俊."一带一路"倡议背景下海南体育旅游小镇发展模式[J].山西财经大学学报,2022,44(S1):52-54.
[2] 刘细泉,吴殷,李海,等.体育旅游资源的分类与评价研究[J].南京体育学院学报,2022,21(2):47-56.

中的典型代表有热带雨林探险、丛林生存等；民宿建设相关的旅游区有南山文化旅游区、槟榔谷黎苗文化旅游区等；节庆型体育旅游活动中的典型代表有国际文化灯节、黎族的三月三节等；赛事型体育旅游活动中的典型代表有环海南岛的公路自行车赛、高尔夫公开赛等；场馆基地型体育旅游活动中的典型代表有海口国家帆船训练基地等。此外，为了响应国家的可持续发展政策，海南省还推出了许多绿色、无碳的绿色体育旅游项目，如海口观澜湖体育健康小镇、琼中山地民俗运动旅游体验区等推出的旅游项目。

（三）接待环境通畅

随着社会的发展，信息传播的范围越来越广，有越来越多的游客会选择风景优美、气候宜人，且能体验到丰富海滨乐趣的海南省作为自己的首选旅游目标。并且海南省优质的风景极大地吸引着旅客再度返回游玩，甚至有些游客每年冬季都会选择到海南岛进行旅游。海南省文旅厅数据报告显示，2021年海南旅游接待人数为8100.41万人次，同比增长率为89.98%，旅游总收入423.74亿元，同比增长率为186.4%；2022年1~3月的旅客接待总人数就达到了2233.73万人次，旅游收入423.74亿元。[①] 除此之外，海南省还成立了许多游艇会，海南省本土的高级会所、星级酒店的数量也在逐年增长，随着这些基础设施的不断建成，海南省接待国际游客的能力进一步得到提升，海南省吸引的国外游客也越来越多。

（四）后发潜力凸显

相比其他省份，海南省成立时间较晚，于1988年4月正式成为我国的独立省份，海南省是我国最晚成立的省份和经济特区。海南省是我国成立最早的"国际旅游岛"。因为海南省的起步晚，所以海南岛的许多建设，不必"摸着石头过河"，有许多国内外先进的旅游区域建设经验为海南省旅游区建设提供保障，例如，海南省可以参照夏威夷群岛、印度尼西亚群岛或者加勒比群岛对于旅游资源开发与建设的过程，对同为岛屿的海南岛进行相似的建设，或开展相似的体育旅游项目。尤其是在海南国际旅游岛屿建设后，相关政策对其旅游产业提供了源源不断的支持与保障，使海南岛越来越多的旅游资源展现出来。

---

① 新浪财经.2021年海南旅游揽客超8100万人次，旅游总收入1384.34亿元[EB/OL].（2022-1-14）[2023-07-09].https://finance.sina.com.cn/jjxw/2022-01-14/doc-ikyamrmz5109389.shtml

三、海南自贸港海洋体育旅游的发展策略

（一）创新多元治理体系，改善供需质量

对于海南省的体育旅游产业应当采用创新型管理体系，不断改善其质量，同时加强政府管理职责，从宏观方面对产业的短板进行一定程度的扶植和补足，让市场经济更加合理与完善。

第一，采用"1+N"的多元管理治理体系，对海南体育旅游产业进行创新。根据《海南自由贸易港建设总体方案》提出的"建立健全党对海南自由贸易港建设工作的领导体制机制"[①]，对于产业的发展首先要紧跟党的指挥与领导，同时，政府要协调各个部门，发挥其领导作用，建立起人人参与的海南发展建设多元体系。这个体系建设的目的在于促进海南省体育旅游的高质量发展，打开海南省体育旅游的新局面。其中"1+N"体系中的"N"代表着政府相关职能及其领导性，同时包括政府参与的市场主体作用、社会作用、人民群众的消费水准、建设的法律保障机制以及科技创新水平的支撑等。政府要明确各要素对自身以及产业的作用。政府要通过群众参与、法治保障、科技支撑的多元治理体系，达到强化联合治理与执行力的建设，积极推进制度集成创新、基础场地设计开发与建设，提升消费市场潜力。其中"1"代表着海南省党支部与文旅局的核心要素，他们是海南省建立体育旅游的核心要素。他们掌握着海南省体育旅游的发展的各项政策与要素，定制部署体育旅游发展的顶层设计方案与全局规划。想要让海南体育旅游的整体建设更上一层楼就要坚持"1+N"体系的建设，对海南省体育旅游项目进行综合的多元化治理，提升海南省整体的体育旅游发展与建设。

第二，对运营机制进行相应的优化调整。在创新多元治理体系的基础上优化与之呼应的"政府有作为、市场有响应、人民有需求"的运行机制是产业发展的时势之举。相关政府部门应对体育旅游区域性开发进行有效监管，对市场经营进行调控与整理，通过相应的政策指导、分配调整机制来增扩人民群众对体育旅游的意识向往与行为导向；市场主体通过公平竞争，由各企业提供不同形式的产品与服务，以互利互惠的形式相互促进产业发展的共识，为游客提供优质服务体验；

---

① 吴宇.过去5年，海南旅游和文化广电体育产业事业发展取得突破性进展[EB/OL]. (2021-01-19)[2023-07-16].http://www.hainan.gov.cn/hainan/5309/202101/17ab578513dd4d13b78ec2e56b64d209shtml.

群众根据自身的消费能力与消费需求选择不同的体育旅游产品与服务，以重体验、重参与、轻消费为核心的需求端为主线，着力提升游客参与体育旅游的满意度。在市场供给与满足人民需求过程中，对存在的问题与弊端通过反馈机制及时与相关政府部门进行有效沟通，政府再通过制定相关政策协调市场供给与人民需求的关系。

第三，海南体育旅游的发展应形成政策扶植与融资引导的长效制度。[①]一是海南各政府部门应具有较强的前瞻意识，充分发挥政府职能的导向作用，对实际发生的情况予以落实与规划，建立有效的保障制度，颁布体育旅游深度融合创新所需的政策利好条件。此外，相关部门应结合海南体育旅游发展的现实需求与实际情况，建立客观的融资引导机制，鼓励以政府为主导、企业牵头的与民间融资相联合的筹资手段。如搭建体育旅游交易会、投资证券市场、产品交流平台等。二是在民营体育旅游企业与国有企业间的合作上，应建立资源互补、价值共创、形象共建、人员互送、信息互享的长效制度。三是完善海南各区域体育旅游资源合作模式，实现合作利益共享，明确多元体协作体系，以政府主导、企业参与、民意支持、旅客实践为主干线，从多边风险管控、预防管理、评估等方面高度加强风险共责制度，为健全体育旅游长效合作制度提供有力保障。

（二）推动体育旅游融合一体化发展

"一带一路"沿线各国体育旅游的发展本同末异，这是各地区经济发展、政策体制与资源相异所致。[②]因此，需加强各区域间的资源耦合效度，注重资源绿色科学开发，健全体育基础设施建设，夯实专业人才培养力度，推动体育旅游融合一体化发展。

第一，加强区域资源耦合效度。从资源耦合发展的角度分析，海南的旅游资源富饶，区域联系紧密，但体育与旅游资源的融合效果较差。海南省人民政府、相关部门应加强体育旅游资源多区域耦合，以体育为核心、以旅游为载体，进一步增强体育旅游的特性，形成共生模式，提升区域资源的重新配置效率，提高对游客的吸聚作用。此外，各相关部门还应加快完善体育旅游融合产品升级，通过

---

① 张诗雨，赵子建，张江洋.黄河流域体育文化旅游带建设的时代价值及实现路径[J].体育文化导刊，2021（10）：84-89，109.
② 牛淼，李伟良，宋杰.我国"一带一路"沿线特色体育文化与生态旅游融合品牌创新路径研究[J].广西社会科学，2021（12）：90-94.

"无相干—互依存—融共生—互共进"的过程达到深度交叉融合，形成高质量的体育旅游示范区。

第二，海南省人民政府、海南省文旅厅等相关部门应根据不同区域结构、功能、特点，对各资源开发进行科学观测、合理规划，注重对海洋资源与热带生态雨林资源的开发和利用，严格把控对自然环境的使用量，加强对少数民族传统体育文化的传承与保护，坚决贯彻"绿水青山就是金山银山"的发展理念，恪守环境资源再利用的理念，预防因生态环境被破坏导致的无效开发与自然灾害。如黎、苗族人民上千年的海岛生活生产方式衍生出多项传统体育文化，可开发资源量大、质优、承载力高，利用"海上丝绸之路"这一重要"甬道"对海南传统体育文化进行传播与推广，以增进海南文化与旅游的国际交流，促进"中国式"传统文化的世界传承，加强中外文明交流互鉴。

第三，健全基础设施建设，拉动群众参与体育健身的行为意识。一是海南省政府应组建体育设施管理人员，专门考察地方体育基础设施现有规模、破损情况、规划建设、改旧换新等，并出台一系列相关扶持政策，由海南省政府及地方政府牵头，吸引企业投资合作，规划建设专业体育场馆，进行不同体育项目的开展与培训；二是需规划建设海南全民健身体育中心，海口市作为海南省的政治、文化、经济交流中心，以海口市为核心地区建设惠民体育中心；三是规划社区体育健身器材的建设，海南居民活动区域较为集中，以社区为单位，通过考察社区人口数量，建设同等比例规模的社区体育健身设施，以供社区居民开展体育团体活动，以此提升人民群众参与体育健身的行为意识。

第四，夯实人才培养力度。一是科学构建体育旅游专业人才培养体系，落实人才培养方向。惠民政策的制定与教育管理条例对应出台，并呼吁政府部门与高校、企业搭建人才联合培养制度，建立"校企协作""校校联合""政管校培""政管企培"的多元化培养方向。二是开设有关"体旅+N"的学科课程建设，N代表其他可交融学科，如医疗、计算机、金融等。通过"体旅+N"课程教学提升在校学生的知识储备量，进一步增设体育旅游实地考察式课程以提升学生的专业适应能力。企业型人才培养应以体育学、旅游学、管理学为主线，结合互联网大数据进行数字化培训。三是搭建体育旅游人才交流平台，严格、高效的人才互通平台需借助社会力量的参与、政府部门的监管、数字化技术的镶嵌、人才流通的基数等元素搭建，为人才流通、资源共享、知识互通、文化互鉴创造一个良性互通平台。

（三）加强数字化技术嵌入，促进产业结构升级

数字化技术是数字经济的重要基点，是把握新时代科技革命与产业革新的战略抓手。[1]应深度挖掘海南体育旅游消费需求，针对需求端实现个性化、定制化、体验式服务，创新建设体育旅游数字化转型升级路径。[2]海南体育旅游结构转型升级需搭乘科技时代的顺风车，以数字化技术为发展需求导向，从产品服务创新、产品生产与研发、产业市场优化等方面全面深化产业供给侧与需求侧改革。

首先，以数字化技术赋能，优化产品的生产与研发，进一步推进体育旅游供给侧改革的外显优势。海南体育旅游产品经济的来源依赖于产品的高质量生产与研发，海南以数字化技术赋能其他行业的持续发展，如生物医药、电子信息、新材料、新能源、热带特色现代农业与海洋技术等行业均实施了"高新数字化技术企业培育计划"[3]，但体育旅游数字化高新技术的嵌入相对处于空白状态，需借助数字化技术不断创新并重塑体育旅游产品的结构形态，依托新科技时代常见的5G技术、虚拟体验空间、线上全景体验技术等形成3D全景旅游场景体验区、海上体育项目虚拟体验室等高端数字化产品。

其次，通过优化产品服务内容，推进需求侧改革的内生动力。产品服务优化升级的核心在于合理调配内容资源。[4]海南体育旅游的内容资源丰富，通过深度发掘内在资源特质、区域资源特色与市场趋向，借助数字化技术解剖各地方、各年龄段、不同性别与消费水平差异的产品选择导向，形成差异化服务、个性化服务、灵活化营销体系，以深度完善产业的需求侧升级，提升产品服务质量、优化产品服务体验，全面形成对传统体育旅游供需不平衡发展、产品服务同质化困境突围的走向。可搭建特色旅游服务网络平台，通过收集旅客的身份信息、旅游意

---

[1] 罗宇昕，李书娟，沈克印，等.数字经济引领体育产业高质量发展的多维价值及推进方略[J].西安体育学院学报，2022，39（1）：64-72.

[2] 赵琳，王飞."十四五"时期冰雪体育旅游数字化转型的价值导向与实施路径[J].体育文化导刊，2021（9）：1-6，47.

[3] 李伟铭，刘骋，黎春燕.海南高新技术产业发展的制约因素与对策建议[J].宏观经济管理，2012（8）：78-80.

[4] 周铭扬，缪律，严鑫.我国体育旅游产业高质量发展研究[J].体育文化导刊，2021（4）：8-13.

愿、价值需求、消费能力等要求，向旅客推荐相对应的旅游景点，运用在线客服服务、电话服务等进一步解答旅客产生的疑问，并及时沟通与解决，提供人性化、差异化、智能化的优质服务。

（四）构建沿线多边合作体系，塑造国际品牌形象

海南体育旅游的发展应贯彻落实以"一带一路"倡议为突破口，构建沿线各国间的体育旅游合作体系，塑造海南体育旅游国际品牌形象。[①]

第一，构建"一带一路"体育旅游多边合作体系，推动海南体育旅游同沿线各国合作观念的形成。因沿线各国发展水平与诉求不尽相同，地方区域旅游资源参差不齐，导致合作观念存在差异性。海南作为"海上丝绸之路"的重要枢纽，应协同海南省政府，创办"一带一路"交流合作平台，为实现多边体育旅游合作体系提供便利化服务，以达到畅通沿线各国的政治、文化、经济交流的目的。从地方发展的角度着手，通过政府对话、产业交流、产品共享、塑造两地特色民意旅游等形式，建立多元化的体育旅游交流平台，完善、有序的旅游合作体系有助于两地合作秩序的形成、职责的分工与相关利益的均衡分配。

第二，海南体育旅游应错位开发，避免产品同质化竞争。为充分发挥各区域资源优势，考虑创新型体育旅游产品的升级与开发策略，应避免同质化产品竞争，增强产品错位开发意识。各区域的旅游景点开发应充分利用当地的自然生态环境、人文环境等资源，深度挖掘富含体育元素的特色产品。在资源的共享共用中，应加强信息交流、资源互通、产品共创、营销互融，搭建资源交流平台、营销网络等，形成较为完整的海南全域体育旅游产品体系。

第三，塑造国际品牌形象。近年来，海南建设有多项国际体育交流平台，设有国际帆船大赛、国际环岛自行车赛、NBA篮球训练中心等，预示着海南同国际大环境的交融更加密切。海南同沿线各国体育旅游资源的交叉融合是一项时代工程，这项工程需开发不同系列、不同档次、不同需求的产品，建成富有"一带一路"特色的海南体育旅游产品体系，开展以海南体育旅游为主题的国际产品展览会，形成具有海南特色体育文化的旅游精品路线。此外，还应研制海南少数民族传统体育文化旅游产品，以海南黎、苗族传统体育项目为切入点，打造民族传统

[①] 孙彦莹. 共融与挑战："一带一路"背景下的体育旅游产业发展研究[J]. 西安体育学院学报，2019，36（6）：708-711.

体育旅游品牌，增强特色体育文化的传播，促进传统体育文化的传承与发展。通过塑造海南体育旅游产品形象，打造海南特色体育旅游产品品质，助力形成"一带一路"海南体育旅游品牌。

第五节　成渝双城经济圈体育赛事旅游发展研究

现以推动区域的创新和经济的发展，并在以京津冀、长江三角洲城市群和粤港澳大湾区为核心的区域合作中获得了显著的效果。在2020年，中央财经委员会第六次会议提出，要推动建设"成渝地区双城经济圈"，以形成"西部高质量发展的重要增长极"。该政策的提出有着极为重要的标志性的意义，预示着成渝地区双城经济圈已经逐步上升到了国家的重要战略地位，弥补了西南区域协同发展的空白。2014年，国务院46号文颁布，自此成渝地区的体育产业就进入到了高速的发展时期，关于体育的产业规模越来越大，体育相关的需求快速增加，进而带动了体育消费的持续增长。这当中尤为重要的就是在2019年所制定的"成都赛事名城"战略目标，更加确立、稳固了区域经济发展中体育产业的战略地位。由此可见，在成渝双城体育产业的协同发展下，人力资本得以进一步流通、体育相关的生产要素得到了进一步促进以及交易成本的降低，都作为成渝经济圈建设的重要一环，为"成渝地区双城经济圈"的进一步发展作出了巨大贡献。

一、成渝地区"赛旅融合"的基础

（一）政策的大力支持

推动"成渝地区双城经济圈建设"，在西部形成"高质量发展的重要增长极"[1]是在2020年1月，中央财经委员会第六次会议上提出的。自此，"成渝地区双城经济圈建设"作为国家战略的重要举措，为成渝地区高质量的经济发展带来了新的活力与转机，同时推动包括体育领域在内的多个领域之间的交流发展、互惠共赢。紧接着，四川与重庆就对此进行了积极的响应，决定川渝两地共同建设国家

---

[1] 杨继瑞，杜思远，冯一桃. 成渝地区双城经济圈建设的战略定位与推进策略——"首届成渝地区双城经济圈发展论坛"会议综述[J]. 西部论坛，2020，30（6）：62-70.

体育旅游示范区，一起申办重大的综合性国际赛事，以进一步发展贯彻川渝体育圈的建设，并为此签订了《川渝两地体育公共服务融合发展框架协议》。

无论是基层建设还是顶层设计，对于成渝地区的高质量发展都尤为重视。将成渝地区的旅游产业与体育赛事相结合是十分正确且必要的举措，还应该进一步凸显重庆与成都这两座中心城市的"极核"地位，发挥其优势，从而进一步推动西部地区的发展与建设。

（二）丰富的旅游资源

成渝地区的地貌以种类繁多著称，涵括了山地、丘陵、平原等不同的地形地貌，地势变化明显，不同地区之间的海拔落差很大，因此也形成了不同的地理环境。成渝地区有着丰富的资源，例如，地质地貌资源、水利资源、森林资源与冰雪资源。成渝地区将这些丰富的自然资源进行了有机结合与创新，打造了众多引人入胜的体育旅游资源，例如，龙泉山城市森林公园、西岭雪山滑雪基地、天府奥体城、南川金佛山、万盛黑山谷、武隆仙女山等，进一步丰富了独具成渝地区特色的旅游线路。

成渝地区聚居着多个少数民族，如苗族、藏族、羌族、彝族、土家族等，因此成渝地区也承载了这些少数民族的传统文化与传统习俗，将这些少数民族的传统节日、习俗与体育项目相结合，对于游客来说有着莫大的吸引力，其中苗族的龙舟节、彝族的火把节、羌族祭山会、藏历新年等比较热门。在这些节日庆典中，往往会进行歌舞表演，开展各种具有民族特色的体育赛事。将这些娱乐项目与体育赛事进行恰到好处的创新与开发，更能够彰显成渝地区独具特色与魅力的旅游资源，吸引大量的游客前来，不仅能为成渝地区带来十分可观的经济效益，还能发扬中华民族的传统体育文化。

（三）大型体育赛事资源

近几年，成渝地区的体育赛事资源愈发丰富，承办了多种大型体育赛事。从《成都创建国际赛事名城行动计划》中就可见一斑。在2018年到2020年这两年期间，仅成都所举办的国际体育赛事就多达67个。[①] 在2021年到2023年，相继举办了大运会、世乒赛和亚洲杯，甚至在未来几年内，也已经确定要继续承办多

---

① 成都市人民政府办公厅.成都市人民政府办公厅关于印发成都创建国际赛事名城行动计划的通知[J].成都市人民政府公报，2018（3）：25-30.

种大型赛事，如2025年的世运会。[①] 预计到2025年，成都将基本建成国际赛事知名城市，并争取在2035年实现创建国际体育赛事知名城市的远大目标，进一步争取各类大型综合运动会的举办权。而重庆市，在2020年所举办的全国性以及国际性的体育赛事有18个。除此之外，成渝地区还将要举办更多的室外精品赛事，一同缔造"成渝经济圈登山或者山地马拉松积分赛"，以进一步促进成渝地区的体育资源的丰富与发展。在未来，国际化将是成渝地区承办体育赛事的主要发展方向，并按照由内到外的发展顺序，实现多元发展，而其中最重要、最基本的中心点，非重庆与成都莫属。通过这一系列的发展手段，成渝地区将自身西部地区的特色与优势进行了充分地发展与沿革，在体育资源多元一体化的道路上走得愈发精彩愈发顺畅。

二、成渝地区"赛旅融合"的价值

（一）带动相关旅游产业的发展

2020年，北京、重庆、上海、成都与广州在《2020中国旅游城市排行榜》中依次占据了前五名的位置。由此可见，重庆与成都这两个城市旅游资源丰富，别具一格，吸引着众多的游客前来，因此也带来了巨大的经济效益，在全市的GDP中，旅游产业占据了较大的比重。为了形成优良的消费市场，使旅游产业形成固定的消费群体，将旅游业与体育赛事相结合是一个行之有效的手段，在促进消费市场形成的同时，也能进一步推动与体育赛事有关的旅游产业的良性发展。在2019年，成都承办了第十八届世界警察和消防员运动会，据统计，在这期间成都共接待了1304.6万人次的海内外游客，创收234.8亿元的旅游收入。承办大型体育比赛能够带来不可胜数的经济效益，引得国内外众多的体育爱好者前来进行现场观摩，从而增加了旅游人口，激发了旅游倾向。因此，举办时间长、生产与消费同频等成为大型体育赛事的主要特点。食宿餐饮为大型赛事旅游产业带来了巨大的经济效益，但其所带来的巨大影响远不限于此，在与之相关的硬件设施、接待服务、城市文化交流以及交通网络体系等方面，也进行了进一步的促进与发展。[②]

---

① 鲍明晓，赵剑缘.大运会赋能成都高质量创新发展[J].先锋，2020（8）：17-20.
② 易歆.体育赛事与旅游业的融合发展研究——以上海为例[J].当代体育科技，2020，10（5）：178-179，181.

（二）扩展赛事旅游空间

举办地的环境、政治、经济、公共服务与硬件设施等多个方面均与大型体育赛事的成功举办有着密不可分的联系，[1]可见，在体育赛事的层面上，其与旅游产业的良好融合与发展也是有着极为重要的价值与意义的，主要分为以下三个方面：第一，大型体育赛事与旅游进行结合能够带来巨大的经济效益，而这又能进一步提升体育比赛的举办质量，使之进一步满足相关赛事承办的条件；第二，体育比赛能够凭借当地旅游业的自身优势，使参与人数得到提高，从而进一步提升影响力；第三，赛事旅游产品的开发也能得到发展与促进，令赛事旅游空间得到更深更广的发展，例如，成渝地区当前将篮球、足球、网球、冰球、山地户外运动、马拉松等作为重要项目进行相关旅游产品的研发，以吸引更多国内外体育爱好者的目光，为拓宽大型体育赛事旅游空间起到积极的影响。

（三）塑造地区特色赛旅形象

品牌体育赛事是一件极为特殊的、具有一定标志意义的事件。近几年，男女乒乓球世界杯、世界警察和消防员运动会、铁人三项世界杯、重庆国际马拉松等大型的国际体育赛事在成渝地区成功举办，大幅度提升了成渝地区的城市形象与知名度，得到了广大人民的盛赞。在提升经济发展、获得市场优势的同时，成渝地区也成功提升了人民群众对体育的关注度与重视度，可见品牌体育赛事的开展对成渝地区所产生的重要积极影响。

体育赛事与旅游产业结合，也进一步塑造了成渝地区的良好形象，在宣传精品体育比赛方面具有显著的优势。在这里，成都就是一个很典型的例子，成都不是原样照搬、引入、举办国际大型的体育赛事，而是从中学习经验，结合自身特点，打造自主IP赛事，并不断提升自主IP赛事体系的影响力与价值。[2]其中比较知名的自主IP赛事当属成都马拉松、篮球三对三以及"熊猫杯"了。这一系列成都自主开发的IP赛事，融入了成都的特色文化，赋予了其鲜明的地域特色，不仅满足了人民的精神需求，也为旅游产业增添了更多的亮点，产生了良性的城市窗口效应。

---

[1] 杨艳. 大型体育赛事与城市旅游融合发展研究[J]. 运动精品，2020，39（3）：53-54.
[2] 李晴. 国际知名体育赛事IP在我国发展的SWOT分析及策略研究[D]. 上海：上海体育学院，2020.

三、成渝双城经济圈体育赛事旅游的发展策略

（一）政企合作布局，促进经济内循环

在成渝地区的双城经济圈下，政府合作平台得到了进一步的优化，旅游部门与体育部门应当加强相互间的协作，打造片区式、结对式、多主体共同参与的体育旅游活动，跨区域开展群众体育比赛，一同申办高规格的大型国内、国际体育赛事，形成成都与重庆这两座城市的"共同办赛""一赛双城经济圈"的互助模式。成渝地区双城经济圈内的政府部门形成了轮值联席会议制度，该制度的建立促进了这些政府部门之间在政策上的沟通、方案规划方面的衔接以及战略协同，从而进一步加强旅游部门、体育部门的上下级政府职能部门的纵向协作和不同政府部门之间的横向协作，形成差序结构的政府协作网络组态，进一步拓展旅游与体育之间的合作空间，推动体制创新，打通旅游产业与体育项目的协同渠道，建立共建共享的良好合作关系。

推动与中小企业的纵向合作，对成渝地区双城经济圈的体育旅游项目开展也尤为重要。为此，需要去创办、培育、扶持一批优秀的能够有创新能力与竞争实力，并且有着自身独创品牌的重点体育企业。《成渝地区双城经济圈建设规划纲要》是一个大的框架，是一个总领性文件，在其要求下，需要按照相应时间与计划安排开展相应的有关于体育赛事与旅游产业共同协作的论坛和会议。在论坛、会议上，需要邀请相关企业的负责人、与之相关的专家学者、政府官员等一同进行商谈，就协同合作的项目目标、任务规划以及执行的方式方法等内容达成协议，继而对项目合作进行更有效地推动。"开放、共享"是建设成渝地区双城经济圈体育旅游项目与体育旅游示范基地所需要遵循的发展理念，并在这种理念下建立体育旅游的标准体系与统计指标，更深入地合作、宣传体育旅游产品，联合培养出更多的体育旅游人才。

在相关政策的指导与引领下，成渝地区双城经济圈应当牢牢把握住发展机遇，扶持成立体育旅游组织，联合建立行业联盟或行业协会，以达到更好的发展效果。在政企合作中，要积极使用科学技术手段，将重点放在大数据、人工智能、数字化等方面，推进旅行社，打造体育旅游线路并与之协同合作，从而实现资源互补。为了加强对游客的吸引力，体育旅游跨城区推出相应的优惠套餐、节假日精品套餐等也是一种行之有效的方法。

（二）依托特色资源，共推体育旅游线路

在开展成渝地区双城经济圈体育旅游发展合作时，需要有效利用自身特色，依托特色资源，往往能取得更好的效果。例如创造具有核心竞争力的当地特色体育品牌，打造独具特色与魅力的旅游线路，都能够提升协同合作的内容质量，优化合作结构。由此可见，为了建设成渝地区双城经济圈体育旅游项目新高地，就必须凭借成渝地区特色的体育资源和旅游资源，拓展合作空间，囊括城市与乡村共同合作布局，提升国内外的影响力与号召力。

在开发特色旅游线路时，需要考虑到方方面面。资源的差异化、成渝地区特有的人文环境、文化特色以及地理地貌条件等，都会对其产生影响，因此需要考虑全面，才能打造出能够更好的代表巴蜀文化面貌的体育文化品牌。例如，针对巴山蜀水这一特点打造相应项目，创立富有巴蜀特色的城市农村休闲健康的商旅品牌等。在充分挖掘成渝地区体育旅游产品新路径时，需要以政府政策为行动纲要，打造"体育+N"新业态，令体育旅游线路共建体系更加的立体、全面、深入。

推动资源共享、打造特色的体育休闲小镇，并将其与竞赛表演、体育休闲活动等进行合理地融合，打造特色旅游产品，都能看出成渝地区的全域旅游发展观念。在对成渝地区双城经济圈所具有的优势资源进行整合时，也可以推出相应的产品，以此来进一步凸显这些独具魅力的体育旅游资源。例如，位于重庆的长江三峡、位于成都的西岭雪山，都是非常具有优势的自然资源，将其打造成国家体育旅游示范区，必将获得巨大的成功。除了单独发扬自身的体育旅游资源，将成渝地区的旅游资源结合在一起，也是非常重要的手段。共同打造长江三峡（巫山）、都江堰马拉松等体育赛事，建设体育旅游精品线路、开展相应赛事、进行综合评选等都能够进一步建设跨域体育旅游产品线路，进而实现成渝地区的一体化发展。为进一步实现成渝地区一体化，实现服务生产与体育旅游产品的结合，打造特色的成渝地区双城经济圈体育旅游线路，相关部门开展了一系列举措，例如，将龙泉山城市森林公园、天府奥体城、西岭雪山滑雪基地、武隆仙女山、万盛黑山谷、南川金佛山等进行结合与创新，形成了独特的体育旅游线路。又如，将凤凰山体育公园、重庆奥体中心作为中心，结合其他一系列大型公共体育场馆，构建成渝共享机制，用来承办大型的公益体育活动和体育比赛。

（三）中心辐射四周，提升成渝体育旅游的吸引力

成渝地区双城经济圈是建设"一带一路"和"长江经济带"的重要组成部分，作为在西部地区最发达、最具有发展潜力的城镇化地区之一，必然承担着更多的责任与义务。由此可见，成渝地区的双城经济圈并不是只关注自身中心点的发展，而是利用中心辐射四周，以成都、重庆为双核心点，进而塑造体育领域区域协同联合的合作样板体系，起到模范带头作用。其中第一步就是完善重庆和成都之间的体育旅游协同合作机制，制定发展的标准体系，最大化地利用双核地域优势，规范服务标准化。成渝地区在进行体育旅游合作时，应当以《中华人民共和国国民经济和社会发展第十四个五年规划纲要》为指导，在区域统筹、顶层设计、制定相应政策、开展公共服务、进行市场监管、建设产品线路等方面得到有效的建议与强有力的保障。

成渝地区双城经济圈建设必须跳出市场区域的局限，不能固步自封，而应借鉴其他省市的发展经验，不断对自身进行完善，对标长江三角洲、京津冀等重要的体育旅游发展地区，与其进行合作，以提高自身的开放性与广泛性。成渝地区位于我国的内陆，有着得天独厚的气候、自然风景和悠久的历史文化资源。[①] 为了提高对旅客的吸引力、降低游客的时间成本，必须将交通情况也纳入考虑范围当中，打造合理的旅游交通线路，并将其与全国交通线路网进行结合，进一步提高成渝地区的交通便利性。将体育赛事与巴蜀文化旅游走廊进行结合，构建出符合成渝地区自身特色的体育旅游模式，能够进一步提升其文化价值，在传递文化的同时，成为享誉中外的体育旅游理想胜地。例如成都，就抓住了建设世界赛事名城这一契机，在引进大型国际体育赛事时，以共建、共商、共享为主要原则，大力度开发体育文化旅游价值，打造自主 IP 品牌，从而实现体育旅游的内外结合。

（四）推进大数据共享，提高体育旅游经济效益

积极运用云计算、人工智能等科学技术，推进成渝地区双城经济圈共享体育旅游大数据。为成渝地区双城经济圈体育旅游能够得到高效、高质量的发展提供

---

① 陈鸥.成渝地区双城经济圈体育产业协同发展基础困境与路径[J].成都体育学院学报，2022，48（5）：90-96.

技术上的支持，而后进一步促进体育旅游合作水平。为了举办 2022 年的世界大学生运动会，成都市对相应场馆进行了大规模的改造，例如，在 15 个城市、城区当中，改建、扩建了 49 座场馆，其中 13 座为新建场馆，36 座为改造场馆，并为此修建了近万条全民健身路径，并已经投入到了使用当中。由此可见，成都的体育硬件配套设施十分完善，优势也十分明显，为了进一步提升游客的满意程度，必须激活体育场馆健身设施利用效能，积极打造成渝地区双城经济圈下的集健身器材、体育场馆于一身的一卡通服务体系，大幅度提升了便捷程度。

为进一步提升体育旅游对游客的吸引程度和便捷性，信息资源共享机制的构建是十分有必要的。为实现信息资源的共享，打造一个承载成渝地区双城经济圈下体育与旅游资源的基本信息的网络平台是一个很好的手段与方法。这个平台的建立打破了信息交互的壁垒，相关社会组织与企业可以将自己的合作意愿进行公开发布，进一步促进协同合作的发展。与此同时，天府通 App 体育旅游板块的开发建设也进行得如火如荼，一卡玩遍成渝成为其最大的特色。信息资源的收集与分析能够为人们的出行旅游带来极大的便利，利用云计算、大数据等技术手段，结合检索内容与消费记录，能够精准把握所研究对象的喜好与需求，然后根据这些喜好与需求进行相关资讯的推送，大力报道关于成渝地区双城经济圈体育旅游的相关内容，从而达到高效宣传的目的。

除此之外，对成渝地区体育旅游线路的大力宣传的手段还有很多，例如，与时俱进，利用各种直播平台，对各种精彩的体育赛事、体育旅游进行实时直播，开展丰富多彩的有趣的线上竞赛活动与旅游活动等；还可以建立公众号和短视频新媒体，精准掌握庞大的互联网信息资源，对用户的检索与阅读习惯进行详细的分析，有针对性地推送关于成渝地区的文化习俗、传统节日、自然美景、以及精彩赛事等内容，潜移默化地提升用户兴趣，增进其对相应产品服务的了解。

第六节　东北地区体育冰雪旅游发展研究

2022 年，北京冬奥会的成功举办在国内掀起了冰雪体育运动的浪潮，越来越多的人开始对冰雪体育旅游产生了浓厚的兴趣。在我国，以前接触冰雪运动的人员以冰雪运动员为主，而现如今，看着奥运健儿们在赛场上拼搏的身姿，越来多的人感受到了冰雪运动的魅力，开始逐步投身到冰雪体育运动当中。关于冰雪体育旅游的概念，国外学者较早对其进行了相应的研究，可以说，其概念的界定与体育旅游相类似，国外大部分学者认为，冰雪体育旅游作为一种媒介，人们通过亲身参与，达到强身健体、促进人际交往的目的。而国内则对此没有形成统一的定义，有些学者认为，冰雪体育旅游的定义比较宽泛，只要是参与冰雪体育活动，并促进了冰雪体育发展的一切旅游活动，就可以列入冰雪体育旅游的范畴当中了。

一、东北地区经济发展受冰雪体育旅游的影响

东北是我国冰雪体育旅游项目的主要聚集地，其中以海林市、尚志市、松原市、哈尔滨市、长春市这五座城市为主要的冰雪体育旅游城市，仅这五座城市，在冰雪体育旅游上面的消费就占据了全国总量的50%。近些年来，我国冰雪旅游市场规模逐年扩大，从2016年到2019年，就从1.7亿人次增长到了2.24亿人次。这些游客以南方人为主，主要来自上海、广州、深圳等经济发达的城市，且大部分为80后。在冰雪体育旅游项目中，消费热点集中在美食、民族风俗、温泉等方面。随着旅游业的逐渐发展，各地相应的配套设施也在不断完善，各个景区在保留自身独特风景的基础上，制定了别具特色的旅游线路，以提升游客的旅游体验。冰雪体育旅游为东北地区带来了极高的经济创收，拉动了当地经济的发展。早在2016年，位于长白山的万达滑雪场就接待了33万人，而对于抚松县来说，冰雪体育旅游所带来的经济影响就更加意义重大了。在2016年，抚松县共接待游客170万人次，由旅游所带来的收入就高达19.4亿元，占比当年全县总收入的10.76%。由此可见，冰雪体育旅游是抚松县经济的重要组成部分。随着近几年旅游产业的发展，冰雪体育旅游产业对类似于抚松县这类的县城经济的影响越来越大。从辽宁省所制定的《关于推进冰雪经济发展的实施方案》就可见一斑，在该方案中，辽宁省致力于在2025年初步建成冰雪产业链条，预计总收入到达到2300亿元，并保持着不低于15%的年增长率。由此可见，在未来的几年里，冰雪体育旅游将迎来新的发展机遇。[①] 在东北的很多地区，冰雪体育旅游为其带来

---

① 成莎，缪园园. 体育旅游概念界定的研究综述及展望[J]. 体育科技文献通报，2017，25（7）：41-42，55.

了巨额的经济效益，且占有较高的比重，在某种程度上，冰雪体育旅游所带来的经济效益直接影响到了当地的经济水平，由此可以预计，在未来与冰雪旅游相关的产业会得到进一步发展，而冰雪体育旅游也将会成为很多地区的经济支柱产业。

二、东北地区冰雪体育旅游产业发展的优势

（一）地理环境

东北包括了辽宁省、吉林省、黑龙江省这三个省市以及内蒙古自治区东部地区。黑龙江省位于中国的最北端，其地理优势最为优越。主要由山地、平原与河流组成，地势大致为西北、东北、东南、西南低、北部高，连绵不绝的大小山脉众多，主要以大兴安岭、小兴安岭以及完达山脉为主，省内多山且纬度高气温低，非常适合冰雪体育旅游发展。这几年，黑龙江精准定位发展方向，即利用自身优势，借助冬季的冰雪运动，大力发展冰雪体育旅游，开展滑雪，滑冰，雪橇和冰球等众多各式各样的有趣的体育项目。由此形成了以滑雪为中心的冰雪体育旅游产业。吉林省地处东北腹地，地理位置相对于黑龙江要稍微偏南一些，但吉林省的冰雪体育资源是最为丰富的，全省地貌形态差异巨大，呈现西北低、西南高的地理态势。吉林全省被中部的大黑山进行了分割，东部的山地分为长白山中山低山与低山丘陵区，山地占比36%。辽宁省位于东北地区的南部，地势大致从北向南，自东到西向中部倾斜，山地丘陵位于东西两侧。

（二）冰雪文化氛围

受到自然环境的影响，东北地区的冬天异常寒冷，东北人骨子里流淌着的血液充满了对冰雪的热爱。也正是因为特殊的环境，千百年来东北人民在和寒冷环境做斗争的过程中不断地适应环境与利用环境，诞生了许多具有东北地区特色的冰雪运动，也形成了东北地区独有的特色冰雪文化。冬季的冰上运动不但可以满足冬季娱乐运动的需要，还具有独特的艺术性。冰雕是冰雪运动的另一种呈现形式，在冰雕活动中，参与者可以自己亲手完成属于自己的作品，在新奇与喜悦的情绪下沉浸在美轮美奂的东北冰雪体验当中，沉浸感受东北的冰雪文化氛围。

(三)旅游资源

东北三省的旅游资源十分丰富,且各自具有自身的特色,黑龙江省因其独特的地理位置和气候条件以及文化内涵与少数民族特色,拥有更加丰富的旅游资源。黑龙江省的旅游资源大多集中在人员密集且经济较为发达的大中城市,冰雪文化氛围营造得更加浓厚,有一些景区,会将冰雪体育旅游作为景区发展的核心,让冰雪体育运动与旅游进行完美结合,产生更好的、更加独特的化合反应,从而促进双方向更好的方向发展。东北三省地区少数民族人口约占到了东三省总人口数的十分之一,少数民族的独特人文景观非常具有特色,因此,从这个方面入手,将更有利于开展独具特色的具有少数民族传统文化气息的旅游产业。深入少数民族传统文化研究,将东北地区独特的自然景观与少数民族的传统文化与人文景观进行有机结合,寻找结合点,开发出既可以弘扬少数民族传统文化又可以满足大众需求的冰雪体育产品,努力发掘东北特色的旅游资源,使丰富的旅游资源与冰雪体育旅游产业形成独特的组合拳,二者互为里表,良性发展。

(四)气候条件

东北三省地处我国最北端,属于中纬度地带。其中,吉林省位于中纬度欧亚大陆的东侧,属于温带大陆性季风气候,四季分明,雨热同季。春季干燥风大,夏季高温多雨,秋季天高气爽,冬季寒冷漫长。从东南向西北由湿润气候过渡到半湿润气候再到半干旱气候。吉林省气温、降水、温度、风以及气象灾害等都有明显的季节变化和地域差异。辽宁省地处欧亚大陆东岸,属于温带大陆性季风气候区。由于地形、地貌较为复杂,省内各地气候不尽相同。总的气候特点是:四季分明,寒冷期长;雨量集中,东湿西干;平原风大,日照丰富。因受季风气候影响,辽宁各地差异较大,自西南向东北,自平原向山区递减。黑龙江省位于欧亚大陆东部、太平洋西岸、中国最东北部,气候同为温带大陆性季风气候。冬季漫长寒冷,夏季短促,冬季长达 6 个月。东三省夏季气候温暖持续时间较短,而冬季雪期则往往能达到三四个月之久。在这种天气寒冷的情况下,无论是下雪量还是雪的质量,东北三省都有着开展冰雪旅游得天独厚的优势,并且由于冰期时间长,开展冰雪体育运动的场地能够得到长时间的保存,每年适合开展冰雪项目的时间高达 120 天以上。由于东北三省地区山脉众多,很容易找到适合建造滑雪场的山体，因此这里也就自然而然的成为我国滑雪场地最为密集的地区了。独特优越的地理位置与寒冷天气对于发展冰雪体育运动有着重要的影响，在这种影响之下，东北三省地区的各种独具特色的产业也就应运而生了。

三、东北地区冰雪体育旅游的发展策略

（一）政府的宏观调控

一个产业的发展，离不开政府对于经济发展的指导方向。为了更好地开展冰雪体育旅游，当地政府必须要出台相应的政策去进行扶持，促进相关体系的形成并优化管理能力。这种指导是宏观层面上的，要着眼于长期发展而非眼前利益，并且在进行指导时，不能事无巨细，以致阻碍冰雪体育旅游在市场经济中的发展。只有将相应的权力进行下放，让相关企业有一定的自由，才能促进更好地创新。而当地政府部门，需要在经济、政策、设施等工作当中做好后勤保障，以促进相关产业的发展壮大。因此，完善相应的硬件设施、加大投资力度、组建民间协会，为冰雪旅游事业的发展吸纳更多的思路与建议，都能够更好地开展冰雪旅游产业的发展。基础设施的建设对于发展冰雪旅游产业来说弥足重要，因为许多冰雪体育旅游场地都位于高山当中，这些地方往往交通不便利，道路崎岖，给游客的行车带来了很多的困难，只有解决了游客的出行问题，才能更好地打造冰雪旅游事业。

（二）留住优秀人才回报家乡

目前，我国越来越多的人开始投身到冰雪体育运动当中，国家需要制定相应的人才引进政策，对相关人才给予政策优惠，吸引更多的人投入到东北地区的冰雪体育旅游事业当中。对于那些希望在这一领域创业的，可以给予更多的优先权，例如，优先办理创业申请、优先处理财政补贴、优先办理经营许可证等，在创业流程方面尽量提供便捷。除此之外，在经济方面也要尽量提供相应的补助，例如提供创业基金、住房补助、场地租赁费、税务等进行减免等相关政策。

（三）营造冰雪体育特色文化

东北地区可以突出自身的冰雪文化，推出与传统节日文化相结合的冰雪体育

旅游项目,从而促进产业的发展。随着时代的发展,互联网与人类的日常生活越来越密不可分,抖音等直播平台也越来越受到人们喜爱。当前,"流量"就是资源,因此也催发了直播带货这一新型营销手段。在开展冰雪体育旅游事业时也可以借鉴这一模式,利用互联网打造"互联网+冰雪体育",利用较少的成本获取最大化的收益,同时还能进行当地文化思想的宣传,更能够吸引更多的游客前来,参与到这一项目当中。当地文旅局可以成立各自的官方账号,进行大力宣传,传播冰雪体育运动的独特魅力,引发人民群众的兴趣,从而促使旅游业得到进一步发展,进而带动当地经济发展。

(四)做好多方面资金的融合

开发冰雪体育旅游项目迫在眉睫。其中,资金作为产业开发的基础,对于地方开展冰雪体育旅游来说至关重要,只有获得了经济的支持,招商引资,才能令冰雪体育旅游得到可持续性发展。引导地方人民群众对当地冰雪体育旅游产业进行投资是一个合理、可行的手段,当地人对自己所生活的地方的了解程度较高,更容易参与到其中,不仅收获了一定的经济效益,还令当地特色旅游文化项目得到了良性发展。冰雪体育旅游并不是孤立的,将其与当地原有的特色产业进行结合也能够打造出特色旅游线路,这一套组合拳的指导思想为共同发展,多种产业互帮互助、资源共享,促使项目进入良性循环,进一步推动当地经济的发展。

第七节　中部地区体育康养休闲旅游发展研究

一、康养休闲旅游概述

(一)康养休闲旅游的内涵

康养休闲旅游,就是将康养休闲与体育旅游进行有机结合的一种新型旅游方式,其中主要场地为自然环境,其目的是以疗养为主。因此许多体质虚弱的人群或是生病的人群会参与其中进行科学的养生运动。康养休闲旅游对人的身体健康进行了一定程度上的管理，因此游客可以在这里进行身体的修复、精神的充能与思想的休憩，实现旅游与度假的双重目标。

康养休闲旅游是以养生为基础的旅游形式，主要是让游客进行享受，从这一点来看，康养休闲旅游就不同于传统的旅游模式。康养休闲旅游的发展，源于人民群众日益增长的文化需求，因此在开发康养休闲旅游时，应当针对不同人群的生活习惯与旅游习惯，制定不同的方案，与传统的度假旅游区分开来。康养休闲旅游能够对游客的身体健康进行管理，对游客的身心健康的发展能够产生积极的作用与影响。在提高生活质量的同时，也提高了生命的质量，进而实现了生活品质的提升。

"天人合一"是康养休闲旅游所强调的指导思想，即人身体健康与环境的联系。官方为其赋予了一个概念，即利用卫生设施和当地自然资源，对风景资源进行开发。这一概念的出现也就为康养休闲旅游赋予了疗养的意义。游客暂时离开居住地，来到大自然中，有针对性地进行科学的体育休闲运动，感受当地的自然风光与人文环境，得到感官的享受与情感的放松。

为了更好地理解康养休闲旅游，就需要深入探究其是如何对游客的生命质量进行提升的。在国外，开展这一旅游项目的重点放在了基础设施的完善上，然后利用相应的养生手段与娱乐活动对游客的身体健康状况进行管理与监控。随着年龄的增长，生活方式、生活环境以及面临的生活压力等诸多方面对人体健康所产生的影响逐渐开始显现出来，人体的很多器官处于不平衡发展的状态，由此也就引发了亚健康的问题。为了改善身体健康，就需要对身体进行科学地、合理地管理。健康管理不是治疗，而是利用环境对可能会出现的身体状况进行预防，改善人们的生活态度，积极乐观面对生活，预防慢性疾病的发生。康养休闲旅游将养生与旅游进行结合，以体育运动为载体，在具有疗养效力的自然环境当中对旅客进行科学的服务，随着这一产业的不断发展，饮食养生、运动养生、中药养生与传统的养生进行了相融，这种新型的养生模式进一步提高了疗养的效果，有效改善了游客的身心健康。

（二）康养休闲旅游的作用

当前，随着我国社会建设水平的不断提高，健康中国发展也面临着新的局势，为此，政府也对此提出了相应的要求。首先，康养休闲体育旅游必须以人民群众健康的基本需求为主要行动准则，并需要契合健康中国转型的诉求。要令康养休闲旅游符合当前大多数人民群众的消费水平，需要相应的工作人员进行供给端的结构调整。其次，要吻合当前社会经济的发展趋势，康养休闲旅游需要能够推动我国经济社会的发展与转型，为此其自身需要有一定的社会属性。最后，要符合我国当前老龄化的社会发展趋势，针对我国老年人采用积极先进的理念进行服务。康养休闲旅游能够有效促进我国经济的可持续发展，对民生经济产生积极的作用与影响。

1. 符合人民群众对健康的需求

随着经济的不断发展，当前我国人民群众已经不满足于简单的温饱了，而是更多地关注自身的身体健康。在这一背景下，社会各界开始更多地关注疾病的治疗。当前，我国的医疗产业已经发展得比较成熟完善，形成了系统的体系，这也令人民群众的整体身体健康指标得到了提升。但是，关于人民群众的健康管理还需要进行进一步的升级，传统的医疗理念是以治疗为主，而当前医疗保健、健康咨询、健康管理越来越深入到日常生活当中，对疾病加以预防才是当前的主要趋势。由此也就自然而然地出现了健康环境、健康生活的理念。康养休闲旅游便是契合了这种理念应运而生，以"健康"为根本目标，以"养"为主要手段，在旅游中，为游客提供健康管理与保障。康养休闲旅游遵循了以预防为主的理念，对人民大众的健康基本需求进行了满足，因此也能对人民的生活质量起到积极的影响，在建设美好生活方面有着重要的意义。

2. 推进我国经济发展

康养休闲旅游对我国经济结构的调整产生了积极的影响，同时也一定程度上推动了产业升级等工作。康养休闲体育旅游作为一种经济新常态，诞生于社会高速发展的背景之下，是一个朝阳项目，具有极大的发展潜力。而这也就有可能会出现供与求之间的巨大矛盾，即出现供不应求的情况。为推动我国医疗领域的进一步发展，更深层次地开发健康产业，推进生产方式的升级、转型、创新，发展康养休闲旅游行业是一个不错的选择。目前，康养休闲体育旅游所涉及的行业较多，与许多领域都有着千丝万缕的关系，因此也就形成了较长的产业链。在促进生产方面，消费形式也因此而发生了一定程度的转型，并进一步带动了其他相关产业的发展，例如，旅游行业、健康管理行业、养老行业等。康养休闲旅游具有一定的专业性，需要从业者具备相应的文化理论知识、专业的金融服务以及相关的信息技术等，因此以上这些行业也能得到一定程度上的发展。

3. 为我国老龄化问题提供保障

随着当前我国经济的不断发展，人口老龄化问题也越来越显著，并将在2050年所占人口比重达到峰值。在这种社会背景下，自然而然地就需要耗费更多的精力去关注老年人的健康问题，为此就需要对老年人的生活方式进行深层次地调查与研究。为了满足社会经济发展的转型需求，满足老年人健康生活的诉求，需要从以下两个方面进行：首先，需要建立针对老年人的健康服务体系，遵循生命发展的周期性规律，提前为人口老龄化做准备，为老年人提供丰富的健康的养老生活保障；其次，打破传统的旧思路，对养老服务行业进行较大力度的改革创新，深层次探索当前社会背景下的健康工作领域，构建多层次的养老体系，从而发展出符合我国国情的特色社会主义养老服务模式。康养休闲旅游为老年人的生活水平提供了保障，为相关行业的发展奠定了基础。

二、中部地区体育旅游资源的空间布局

（一）中部地区体育旅游资源空间开发模式选择

我国的中部地区，无论是地理位置、资源环境还是相关政策，相对于其他地区都有着较大的优势。因此，中部地区应当以这一优势为基础、产品开发创造为中心、市场需求为指导、旅游目的地建设为重点工作内容，对形象驱动和精品带动战略进行制定与实施，并在这一过程中严格遵循因势利导、凸显特色、对症下药、因地制宜等原则，促进市场促销与体育旅游资源的共同开发、共同发展。此外，中部地区还应加强体育项目与旅游项目的融合，在坚持自然、环保、和谐等基本原则的基础上对多种类型的体育旅游活动进行大力开发，如生态休闲类活动、强身健体类活动、保健疗养类活动、漂流探险类活动、山野情趣类活动等。

中部地区体育旅游资源的空间开发模式分为以下三个层次。

第一，中部地区核心城市和重点旅游景区与周边景区的整合。

第二，中部地区中相邻城市体育旅游资源的内部整合。

第三，中部地区与东西部地区体育旅游资源的跨区域整合。

以上三个层面的空间开发模式体现了中部地区体育旅游资源的整体开发模式是"点轴推进、纵深辐射，区域联动、网络开发"。自此，中部地区就已经基本上完成了体育区域网络的构建了，其中重点体育旅游风景区、体育旅游中心城市、专项体育旅游线路、周末休闲度假区的出现更加丰富了这一区域网络，并为其赋予了更深层次的内涵与多层次的内容。这些内容在中部区域体育网络中是有机结合，相辅相成的。中部地区除区域体育网络基本形成外，体育旅游服务的现代化和规范化也基本已经实现。

（二）中部地区体育旅游资源空间开发格局

对中部地区体育旅游资源进行开发时，需以本区域体育旅游资源的空间分布和经济发展情况为基础，以相关理论（资源优势理论、旅游地生命周期理论、核心—边缘理论、点—轴开发理论、区域发展相互依赖理论）为依据，将开发过程中的协调联动关系把握好，将重点资源的开发重视起来，在开发的形式方面主要采取以点带面、以线串点的方式方法，根据中部地区的地域情况、旅游资源的分布特征、经济条件及其他社会条件（交通、城镇等），将旅游资源开发格局的发展核心确定为体育旅游资源丰富的中心城市，将重要的相关旅游景区作为支撑点，以相关城镇为节点，通过特色的体育旅游线路这一纽带，按照固定的、科学的空间开发步骤，分批次、分层级地推进相关产业的发展进程，这一空间开发格局即为"34567"，具体的操作步骤如下：

1. 三大体育旅游资源区域系统

中部地区三大体育旅游资源区域系统具体指的是如下三个体育旅游资源大区。

第一，黄河中游文化溯源体育资源旅游大区，以河南、山西为主。

第二，两湖奇山异水民俗风情生态体育旅游资源大区，以湖北、湖南为主。

第三，皖赣名山名人体育旅游资源大区，以安徽、江西为主。

2. 四横四纵沿线体育旅游资源开发

"四横"指的是黄河沿线、长江沿线、浙赣湘黔铁路沿线、陇海铁路沿线。

"四纵"指的是四条交通线路的沿线地区，分别为洛湛铁路沿线、京广铁路沿线、京九铁路沿线以及二广高速公路沿线。

中部地区应当充分利用自身的区位优势，关注交通建设，发展各条沿线地区，同时注意与体育旅游发达地区（长三角、珠三角和京津冀等）的合作，与西部民族体育旅游地区的联系，将中部地区体育旅游业的扩散、辐射作用充分发挥出来，从而促进中部地区与周边地区的协调发展。

3. 五条山水体育旅游资源带

五条山水体育旅游资源带主要是指长江体育旅游资源带、太行山体育旅游资源带、新安江体育旅游资源带、大别山体育旅游资源带、黄河体育旅游资源带。需要以山水旅游资源的整体规划与开发作为基础，深入发掘区域文化内涵，从而形成跨区域的"大山大水"体育旅游资源带。

4. 六大体育旅游圈

太原体育旅游圈、皖江体育旅游圈、长株潭体育旅游圈、环鄱阳湖体育旅游圈、武汉体育旅游圈、中原体育旅游圈便是我国六大体育旅游圈。在对此进行构建时，需要充分发挥出各个旅游圈的实际功能，从而在整体上推动中部地区体育旅游及经济的不断发展。

5. 七个体育旅游核心城市

七个体育旅游核心城市包括太原、长沙、武汉、南昌、郑州、合肥以及洛阳，其中前六个城市是中部六省的省会城市，洛阳市位于河南省，所以说在中部六省中，河南是唯一的"双核心"省。在开发这七个核心城市的体育旅游资源时，要注意加强城市之间的合作与互补，整合体育旅游相关要素，充分发挥核心城市的扩散功能，向周边城市进行辐射，从而令区域范围内的各个旅游景区得到和谐发展，使省区之间的共赢目标得以实现。

三、中部地区体育康养休闲旅游资源的开发

（一）体育康养休闲旅游资源开发的基础

我国中部地区体育旅游资源开发的基础条件具体表现在以下方面：

中部地区占地面积约 103 万平方千米，占我国总陆路面积的 10.7%；中部地区六个省地处我国内陆，不与其他国家接壤，也不紧邻海洋，承东启西，连南贯北，具有良好的通达性；中部地区是我国重点的交通枢纽地，东西南北中的交通要道都在此汇集。

中部地区有丰富的自然资源和人文资源，而且各省之间的经济发展程度没有很大的差异。站在我国全国的旅游资源分布的角度来看，华东园林山水旅游资源区、华中名山峡谷旅游资源区以及中原古文化旅游资源区都位于中部地区，可见，中部地区不管是自然景观还是人文景观都很丰富。

截至2024年，我国重点风景名胜区共有318个，其中有76个就分布在中部地区，中部地区的旅游资源不仅数量丰富，而且等级也比较高，利用这些资源可以对各种形式、适合不同人群参与的体育旅游项目进行开发。此外，中部各省的体育旅游资源之间具有很强的互补性，这就有利于促进中部地区体育旅游的深度合作发展。

中部地区的旅游资源多姿多彩、得天独厚，既有自然美景、历史文明，又有革命史迹。中部地区的地质地貌、水文气象复杂多变，因此本地区的自然景观雄伟壮丽、引人入胜。中部地区一些民族传统体育项目得到了广泛的开展，如赛龙舟、抢花炮、斗牛、跳竹竿等，这些项目体现了我国少数民族悠久灿烂的历史文化。中部地区的自然旅游资源与人文旅游资源空间分布合理，两种资源相互衬托，有利于综合开发。总体来看，中部环境质量比较好，因此旅游者在欣赏自然与人文景观的同时可以感受回归自然的氛围。中部六省的旅游资源各具特色都具有一定的开发优势。中部地区体育旅游的发展就是以丰富的资源和深厚的文化底蕴为基础的。

（二）体育康养休闲旅游资源开发的条件

1. 资源条件

不管是什么体育旅游资源，其都具有自己的个性，同时也具有与同类体育旅游资源的共性。中部体育旅游资源的类型主要有水域类、地文类、民俗类、气候类、宗教类等，这是以中部地区体育旅游资源的属性为依据划分的。不同类型的体育旅游资源存在着明显的差异，不同类型体育旅游资源之间既有共性，又有不同之处。相邻的体育旅游资源个体对游客的吸引力是相互影响的，这主要是因为相邻的资源之间存在共性，同时又各具独特性。它们之间的影响关系称为近邻效应，该效应又可以分为正效应和负效应两种类型。同一地区出现不同类型的体育旅游资源个体，如果这些资源个体有助于使旅游者在该地区的游玩时间延长，有助于吸引更多的游客来此地旅游，那么这就是正的近邻效应。相反，如果同一地区出现同类型的观光类体育旅游资源个体，这些个体之间有分流作用，相互压制对方的吸引力，这会对游客的旅游兴趣产生不良的影响，这就是负的近邻效应。相邻地区的体育旅游资源形成正的近邻效应就是所谓的体育旅游资源互补。资源互补不但能够使各个体育旅游资源本身的吸引力得到增强，还能够使中部地区的整体吸引力和竞争力得到增强，从而更好地优化与整合中部六省的体育旅游资源，对独特的体育旅游品牌进行建立，提升中部地区的体育旅游形象。正的近邻效应有以下四种不同的情况。

（1）形态规模互补

形态规模互补指的是体育旅游资源属于同一类型或所属的类型相似，只是形态、规模、内容等方面存在不同之处，通过整合这些体育旅游资源，可以使形态的完整化和资源的规模化得以形成，可以使旅游者在同一区域范围内对一种体育旅游资源进行完整的感受，这方面的典型代表就是山西省大院文化，如乔家大院、王家大院、常家大院、渠家大院等，人们在这一区域范围内旅游，不但能够对晋商民俗文化进行品味，同时还能够使自己欣赏奇观、增长见识、增强体魄的需求得到满足。

（2）时间序列互补

时间序列互补指的是体育旅游资源属于同一类型或所属的类型相似，但它们是在不同的时间形成的，可以沿着文化主线来整合这些资源。民俗类、历史类、宗教类等体育旅游资源就属于这类互补形式的典型代表。

（3）自然体育旅游资源与人文体育旅游资源互补

自然资源与人文资源只有在一定的条件下才能实现互补，即人文体育旅游资源具有同自然体育旅游资源一致的精神内涵，只有这样，二者才能相互衬托，才能互补组合。此类组合具有明显的优势，中部地区自然体育旅游资源与人文体育旅游资源组合较好的景区有嵩山、庐山、洞庭湖、鄱阳湖等风景名胜健身休闲游览区。

（4）体育旅游资源地域差异性互补

体育旅游资源地域差异性互补指的是体育旅游资源分布在不同地区，地域背景和体育旅游氛围都不同，不同地区的体育旅游资源能够将本地域的自然地貌和人文风俗特征鲜明地反映出来。之所以对这个类型的互补进行强调，主要是因为随着体育旅游的不断发展，体育旅游资源的内容日趋丰富，外延不断扩展，一些非物质性要素（如旅游氛围）也属于体育旅游资源的范畴。此外，体育旅游资源的地域特征是体育旅游形象的重要组成部分，形象互补能够促进体育旅游信息量的增加，能够使旅游者对体育旅游目的地的期望值不断提升。

体育旅游业的发展是以体育旅游资源为基础的，因此体育旅游资源要素整合是体育旅游地域综合体得以形成的基础，体育旅游资源是否具有互补性直接影响着体育旅游资源能否整合及整合效果。资源的互补性越强，就越容易整合，越容易对具有独特性和较大吸引力的体育旅游产品和项目进行开发，因而新的体育旅游地域综合体也就越容易形成。相反，如果区域体育旅游资源缺乏互补性或互补性较弱，区域之间的体育旅游合作就不容易形成。中部地区体育旅游整合成功的重要资源保障就是本区域的体育旅游资源具有互补性。

2. 空间条件

中部地区体育旅游资源开发也离不开一定的空间条件，空间条件具体包括以下三项内容。

第一，体育旅游区内的交通关系。

第二，体育旅游资源的空间相互作用关系。

第三，体育旅游目的地与客源市场的空间关系。

体育旅游资源在空间上具有替代性弱、互补性强的正相邻关系是良好区位关系的具体体现。良好的空间关系对客源内部互流、体育旅游地域综合体的形成以及体育旅游市场的拓展具有积极的影响。旅游交通是体育旅游线路形成的基础，完善的区域交通网络是中部地区体育旅游线路形成的基本保障。中部地区体育旅游资源整合成功的空间保障就是本地区良好的区位关系。

3. 市场条件

人们在地域上旅行和游玩的过程就是旅游空间行为。以旅游空间行为涉及的空间大小为依据，可以将其划分为三个尺度，即大尺度空间行为、中尺度空间行为以及小尺度空间行为。中部地区以外的省市或国家是大尺度空间行为主要涉及的范围，也就是说体育旅游目的地以外的地区是主要的客源市场。大尺度旅游空间行为特征是依据决策行为原则决定的，人们希望对与自己常住地有差异的地方的环境进行了解。但是，人们的体育旅游决策并不直接受环境差异的影响，而感知的环境差异对决策行为有直接的影响。人们对某一体育旅游地感知的环境差异越大，做出到该地参加体育旅游的决策的可能性就越大，居住地与体育旅游目的地的距离也能够反映出感知环境的影响。

通过对决策行为原则的相关研究进行分析后了解到，人们更希望选择有高等级旅游资源的地方作为旅游目的地是大尺度旅游空间行为的主要特征。旅游者在到达目的地后，往往只去级别高的旅游点游玩。如果有充足的时间和资金，旅游者会尽可能去更多的高级别旅游点游玩，在原地较低级别的旅游点游玩的情况很少，迁徙到其他地方游览较高级别的旅游点的现象更为普遍。

在旅游线路方面，选择大尺度旅游空间行为的游客会尽可能采取闭环状路线进行旅游，以此来达到节约时间和精力的目的。为了满足游客的这一需求，需要对中部地区精品体育旅游线路进行建设，将不同区域较高级别的体育旅游资源串联起来是建设精品线路的基础与前提，这种开发方式与大尺度旅游空间行为的特征更为相符，因此受到了旅游企业的高度重视。这种开发方式一旦得到市场的认可，中部地区体育旅游资源的整合就能够取得良好的成效，而优化与整合体育旅游资源又是体育旅游要素整合的基础，因此说大尺度旅游空间行为又有利于体育旅游资源要素的充分整合。

四、中部地区体育康养休闲旅游发展对策

（一）加强宣传

在我国经济建设不断发展的背景下，居民能有更多的时间用于休闲之中，这为康养休闲旅游的发展奠定了基础。康养休闲旅游指的是人能用于缓解其情绪、娱乐身心、强身健体等的养生方式。康养休闲旅游不仅是休闲产品与旅游产品的结合，更是能满足不同需求的一种体育休闲方式。因此，相关部门需要在推广相关产业的过程中促使其抓住机遇。为提高宣传质量，能利用电视、报纸、书刊、网络等方式对人民群众进行引导，让其意识到康养休闲旅游对于生活的作用。同时，还能让更多的人积极主动地参与到康养休闲旅游之中，使得休闲体育在更多人青睐的基础上发挥最大的作用，为康养事业的发展奠定基础。

（二）树立发展导向

党的十九大报告中指出，以人民为各项事务发展的中心，通过各种策略，促

使人全面发展。因此，要将人民获取到美好的生活当成是其创新的动力。发展康养休闲旅游就是以人为中心，以提升人的幸福感为发展目标，注重对于疾病的预防以及治疗，以提升人的健康为根本目的，推进人身心健康全面发展。结合旅游、医学、养生等，从多个角度促使人发展，转变人的生活方式。所以，需要充分挖掘中部地区自然环境以及人文环境的健康养生因素，为人民群众提供更多有价值的养生运动休闲服务，让人们意识到康养休闲旅游的重要性，并积极参与到健康发展的过程中。

（三）发挥环境的作用

无论是在自然环境、社会环境还是人文环境中，人都是其中的重要组成部分。人类能通过新陈代谢、社会活动等与周围的环境产生物质方面的交换，对环境产生影响。同时，这一过程也是环境反作用于人体的过程，使得社会对人的身体、心理、生活等产生影响。良好的自然环境以及地理环境能使人的心理产生宁静的感觉，能对人的身体健康产生一定的影响，改善人的身体状况，同时还能达到提升人体免疫力、延缓人体衰老的作用。实验证明，海边、森林、温泉等地区都能对人的身体健康起到促进作用。为此，就需要充分挖掘环境中的养生因素，利用这些因素起到防止人产生疾病等作用。同时，还需要利用环境对人的心理进行一定程度上的引导，实现陶冶人情操的作用。工作人员能针对参与人员的身体状况，为其开发日光浴、森林氧吧、避暑等各种养生项目，并能将运动适当地融入养生休闲活动之中，通过对其进行合理化搭配的方式，实现对不同体质人群的健康养生。通过发挥自然的作用，将康养休闲与体育旅游相结合，实现一加一大于二的作用。

（四）突出品牌特色

在当前社会中，很多地方都能开展康养休闲旅游项目。我国历史发展的背景下，为创造色彩丰富的养老文化，就应该深入挖掘中部地区体育康养休闲旅游中的传统文化理念，为康养旅游行业的发展提供有效的资源，建立与其他国家或者地区不同的文化旅游宝库。同时，还应该深入挖掘不同游客的根本需求，将其与文化资源相结合，建立创新型文化内涵的养生活动，在这一活动中融入我国传统价值观、中华饮食文化等，同时提升游客的身体素质、精神理念、文化素养等，促使我国康养休闲旅游行业的核心价值，形成天人合一的养生功效。

第八节　西部民族地区体育特色旅游发展研究

一、西部民族地区体育旅游的现状

(一)体育旅游资源现状

1. 自然资源

在我国的西部地区，自然资源十分丰富，并且有着光辉灿烂的历史文化，其中旅游资源占比高达40%。"三原四盆"为西部地区的主要地势特点，拥有许多闻名中外的自然风光，如平凉崆峒山、西岳华山、昆明滇池、陕西太白山、贵州黄果树瀑布等，以风景秀美、险峻、奇峰峻岭、宏伟壮阔等特点闻名遐迩。另外，世界著名的长江、黄河发源地，中国最大的青海湖、世界最大的察尔汗盐湖这些国内乃至世界上独一无二的自然景观等，集中构成了西部地区坚厚而独特的民族体育旅游资源基础。

2. 人文资源

我国西部地区具有多样性的文化形态，如以黄河流域为中心的悠远古朴的黄土高原文化，以长江三峡流域和四川盆地为一体的古色古香的巴蜀文化，及云贵高原富于人性化欢乐的滇黔文化等。这些文化与西部地区各个民族的生活习俗、宗教艺术以及社会形态、生存环境紧密相连，由此形成了丰富的民族体育人文资源。这些资源大致可以分为三类：一是生产劳动型体育项目。多为抵御外来侵略、克服自然环境及满足生活需要而形成的身体技能或生存技巧，如在长期狩猎过程中产生的骑马、射箭、射弩、吹枪、攀登、划船等，在不同地区、不同民族之间既有相似之处，又有独特之处，上升到民族文化层面也是如此，造就了多彩的民族传统体育项目。二是舞蹈表演型体育项目。常于节日祭祀、婚丧嫁娶、迎宾送客、庆祝丰收等时段开展，其中舞蹈最为璀璨，素材以模仿动物、战争角力和生产劳动为主，具有强烈的文化特殊性和民族认同性，如傣族的孔雀舞、白族的霸王鞭、蒙古族的安代舞、彝族的左脚舞、傈僳族的刮克舞等，内容丰富多彩，易于普及推广，艺术价值和观赏性极高。三是游戏娱乐型体育项目。每个民族都有自己的游戏和娱乐方式，且不同的游戏适合于不同年龄阶段、不同性别特征、不同生理特点的群体，有的游戏在同宗民族中相互流传，如生活在云南的布朗族和克木人都喜欢玩鸡毛球，有的则是被纳入竞赛项目，采用计分的方式，如陀螺、秋千等。总之，民族体育作为一项特殊的人文旅游资源，正以其民族性、艺术性、健身性、娱乐性绽放着自己独特的魅力。

（二）体育旅游发展现状

随着旅游业的高速发展，民族体育旅游已然兴起，并成为旅游的重要内容之一。相较于过去，不断有少数民族聚集地区，为了吸引国内外游客，致力于开发自然旅游资源，充分挖掘少数民族体育项目，借助民族传统节日的契机极力推广，长期利用旅游景点在其内开辟少数民族展示空间并取得实效，其中以云贵高原为显。如云南楚雄彝族自治州，每逢火把节，整个区域喜庆洋溢，白天举行斗牛等传统体育活动；夜晚时，到处可见举着火把穿梭于大街小巷的人们，或于广场中央围着篝火唱歌欢庆，外来游客络绎不绝。借此种形式发展区域民族体育旅游的现象，正辐射我国西部许多民族地区，且呈明显态势。

无论从自然资源开发，还是从人文资源开发来看，我国西部地区民族体育旅游前景都是非常广阔的。

二、西部民族地区体育旅游的发展策略

（一）合理规划，提升体育旅游产业规模

清晰认识西部体育旅游资源优势与产业潜力，避免体育旅游业粗放经营、各自为政和重复建设，做到科学规划与重点突出，合理规划西部地区体育旅游产业发展的总体布局。目前，西部地区体育旅游发展缺乏整体协调和分工，制约了其整体竞争力的提高。旅游产品功能和旅游产业结构雷同一直是旅游业所要避免的，西部地区要建设国内领先的体育旅游目的地和集散地，重新统筹规划区域内体育旅游资源，编制体育旅游发展规划和开发建设任务书，突破体育旅游景区的地域限制，建立整个旅游合作区，从高层次划分体育旅游的功能，使各区域的体育旅游功能配置更为合理。在此基础上，更进一步实现西部体育旅游的总体联动性规划。要学习欧美各国体育旅游资源的开发和整合经验，将分散在各个西部省市的小规模景点加以整合，扩大体育旅游产业规模，提升体育旅游产业的层次，形成

西部体育旅游密集区，最终建设成欧洲阿尔卑斯山脉类似的国际体育旅游地带。

同时优化体育旅游资源配置，以市场需求为导向，引导西部体育旅游资源的开发和管理向团队化、一体化迈进，扩大西部体育旅游接待能力和旅游经济效益，实现体育旅游产业跨越式的发展，使之成为西部地区旅游经济发展一个新的增长点。

（二）实施一体化战略，成立西部体育旅游联合体

美国知名国际问题专家卡尔·多伊奇（Karl Deutsch），认为"一体化通常意味着由部分组成整体，即将原来相互分离的单位转变成为一个紧密系统的复合体"[①]。为实现"一体化"的发展战略，就需要以西部大开发战略、经济一体化发展为基础，结合西部地区各个省市的体育资源，并充分发挥其自身的优势。西部地区需要跳出划分的行政区域的局限，才能真正意义上实现西部地区体育旅游产业的一体化。在进行不同区域之间的协同合作时，并非简单粗暴地进行合作，而是需要考虑到其各自地理位置的相近程度与资源的内在联系，根据对体育旅游产业产品的差异进行研究、开发，进一步形成整合之后的优势，在"资源共享""市场共享"下参与竞争，提升体育产业整体上的魅力，从而实现互惠共赢与可持续发展。

目前，由政府牵头，成立西部体育旅游联合体，该举措是西部地区体育旅游产业一体化战略与实践相结合的最行之有效的手段。所谓的西部体育旅游联合体，主要的工作内容在于对西部体育旅游相关事务进行相应的协调。除此之外，西部体育旅游联合体还承担着多种重要的职责，例如，组织西部地区体育旅游高峰会议、开展西部地区体育旅游信息交流、制定相应的发展规划、实现生产销售联合、推动区域之间的良好合作、促进相应的政策协调等，从而根据这些制定出相应的法律化、制度化的程序，用以保障合作成果的被执行能力与有效性。

（三）建立西部地区体育旅游发展基金

当今，随着旅游事业的不断发展，旅游项目也逐渐呈现出了区域化和规模化的特征，而这也就导致了针对旅游产业的投资不断扩大。对于一个民营企业来说，一个区域化的旅游项目进行层次化开发是十分困难的。尤其是体育旅游，更是需

---

① 卡尔·多伊奇. 国际关系分析 [M]. 北京：世界知识出版社，1992：2.

要耗费高昂的金钱成本和时间成本，才有可能看到成效，所以资金问题是当前西部地区很多体育旅游区域所面临的巨大困境。由此可见，西部地区体育旅游一体化要想得到进一步的发展，学习欧盟区域旅游产业发展基金的相关政策与措施是很有必要的。

  在筹备体育旅游产业发展基金时，需要遵循一定的法律依据。其中，重要的法律条款包括：《信托法》《合伙企业法》《产业投资基金管理办法》《信托公司集合资金信托计划管理办法》《设立境外中国产业投资基金管理办法》等。在进行具体的操作时，可以按照以下的方式进行：第一，中央对西部地区财政专项资金进行扶持；第二，各级地方政府出面，设立体育旅游投资资金；第三，利用资本市场，推动地方政府与银行共同设立体育旅游资金或者采用募集的形式，发行旅游产业投资基金，在发行基金时，必须要严格完善相应的流程与制度，严格把控相关的运作，并招募旅游、金融、法律、会计等方面的专业人才，提高从业人员的基本素质，提升基金运作机构经营者的水平，从而促使旅游产业投资基金能够得到良性发展。

参考文献

[1] 徐勇.中国体育旅游发展研究[M].武汉：华中科技大学出版社，2016.

[2] 于素梅.中国体育旅游研究[M].北京：中国水利水电出版社，2006.

[3] 王玉珍.中国体育旅游产业竞争力研究[M].北京：新华出版社，2015.

[4] 杨锋，李凡云.产业融合视角下的中国体育旅游开发研究[M].北京：中国戏剧出版社，2018.

[5] 孙忠利.产业融合视域下中国体育旅游的发展与治理[M].北京：人民体育出版社，2019.

[6] 蒋健保.中国滨海休闲体育旅游发展研究[M].上海：上海交通大学出版社，2014.

[7] 王焕盛，李世军，徐晓伟.全域旅游视角下"体育+旅游"产业融合创新发展研究[M].北京：北京工业大学出版社，2020.

[8] 夏敏慧.海南体育旅游开发研究[M].北京：北京体育大学出版社，2005.

[9] 曾博伟，张晓宇.体育旅游发展新论[M].北京：中国旅游出版社，2018.

[10] 段红艳.体育旅游项目策划与管理[M].武汉：华中师范大学出版社，2017.

[11] 杜菊，宗克强，郑超.中国体育旅游的研究特征与未来趋势[J].四川旅游学院学报，2022（6）：87-92.

[12] 董亚琦，任波，钟建伟，等.北京冬奥会背景下我国体育旅游发展路径探析[J].体育文化导刊，2022（5）：61-66，103.

[13] 徐蕾.后冬奥会时代黑龙江冰雪体育旅游发展研究[J].北方经贸，2022（4）：4-6.

[14] 赖莎.共建粤港澳大湾区背景下深圳滨海体育旅游发展研究[J].新经济，2022（3）：108-109.

[15] 刘佃泉，吴殷，李海，等.体育旅游资源的分类与评价研究[J].南京体育学院学报，2022，21（2）：47-56.

[16] 张和平，杨洋.长三角体育旅游一体化与体育赛事互动研究[J].哈尔滨体育学院学报，2022，40（1）：62-66.

[17] 王石峰，夏江涛.粤港澳大湾区体育旅游资源空间结构及其协同路径研究——以珠海为例[J].广州体育学院学报，2021，41（6）：9-13，50.

[18] 吕亚南，王汉鹏.广东省体育旅游资源开发与优化路径[J].安阳师范学院学报，2022（5）：77-81.

[19] 张诚，孙辉.体育旅游可持续发展的内涵与实现路径[J].湖北经济学院学报（人文社会科学版），2022，19（5）：41-45.

[20] 崔雨晴.东北地区冰雪体育旅游发展研究探索[J].冰雪体育创新研究，2022（5）：48-49.

[21] 吕然.文化资源视角下东北地区冬季体育旅游创新发展研究[D].长春：吉林大学，2022.

[22] 谢玲.全域旅游背景下哈尔滨市冰雪体育旅游发展策略研究[D].哈尔滨：哈尔滨体育学院，2022.

[23] 刘奔越.广东省体育旅游资源空间结构及其优化策略研究[D].广州：广州体育学院，2022.

[24] 高受弘.成渝地区双城经济圈体育旅游一体化发展研究[D].成都：成都体育学院，2022.

[25] 林枫.自贸港背景下海口市体育旅游发展的创新路径研究[D].哈尔滨：哈尔滨师范大学，2022.

[26] 刘瑞超.长三角一体化背景下安徽省体育旅游发展动力与路径研究[D].上海：上海体育学院，2022.

[27] 于文秀.山西省体育旅游产业高质量发展研究[D].太原：山西财经大学，2022.

[28] 徐秀娟.山东省体育产业与旅游产业融合发展研究[D].济南：山东财经大学，2022.

[29] 戴茜.共生理论视角下江苏省"体育+旅游"产业的融合研究[D].南昌：华东交通大学，2021.

[30] 杨璐.全域旅游视角下新乡南太行旅游度假区体育旅游项目发展研究[D].新乡：河南师范大学，2020.